中国武术文化传承与多元发展

王 钧 著

群言出版社
QUNYAN PRESS

·北京·

图书在版编目（ＣＩＰ）数据

中国武术文化传承与多元发展 / 王钧著 . -- 北京 ：
群言出版社，2023.12
ISBN 978-7-5193-0918-3

Ⅰ．①中… Ⅱ．①王… Ⅲ．①武术－传统文化－文化
研究－中国 Ⅳ．① G852

中国国家版本馆 CIP 数据核字（2023）第 253695 号

责任编辑：孙平平　　孙华硕
封面设计：知更壹点

出版发行：群言出版社
地　　址：北京市东城区东厂胡同北巷1号（100006）
网　　址：www.qypublish.com（官网书城）
电子信箱：qunyancbs@126.com
联系电话：010-65267783　　65263836
法律顾问：北京法政安邦律师事务所
经　　销：全国新华书店

印　　刷：三河市腾飞印务有限公司
版　　次：2025年1月第1版
印　　次：2025年1月第1次印刷
开　　本：710mm×1000mm　1/16
印　　张：12
字　　数：240千字
书　　号：ISBN 978-7-5193-0918-3
定　　价：68.00元

作者简介

　　王钧，女，硕士研究生，讲师，中国共产党党员，省级优秀运动员，国家一级裁判员、一级社会体育指导员。就职于河北公安警察职业学院公安技战术系，主要从事警察搏击技术、武术文化等方面的教育教学研究工作。主持参与省、厅级课题多项，发表学术论文多篇，参与校课程教育教学实践改革多项。

前　言

在悠久的历史长河中，中国武术以其独特的魅力、深厚的文化底蕴和多元的发展形式，一直扮演着重要的角色。中国武术作为一项传承千年的文化遗产，既是中华民族传统文化的重要组成部分，也是世界武术宝库中的瑰宝。

中国武术的源流可以追溯到古老的夏商时期，早在《易经》《尚书》等古代典籍中，就可以找到与武术相关的记载。其发展过程是一部跌宕起伏的历史长卷，承载着中国人对于生存、战争、和平、道德的思考。

中国武术的发展并非一成不变的，而是在不同历史时期、地域文化的影响下，形成了多元的发展模式。南拳北腿、内家外家、太极拳、形意拳等各具特色的门派，为中国武术的多元性贡献了丰富的内涵。同时，武术的发展也在国外结出硕果，传入日本、朝鲜、东南亚等地，形成了独具特色的国际武术文化。

中国武术不仅是一门技击艺术，更是一种修身养性的方式。其注重内外兼修，倡导"以柔克刚"的哲学思想，追求"无招""无我""无形"的境界。练习武术，不仅可以强健体魄，更能锻炼人的意志、毅力，进而形成一种健康、和谐、均衡的生活方式。同时，中国武术也以其独特的形式成为中国文化传承的重要途径，通过口传心授的方式，其技艺和哲学思想代代相传，成为一种无形的文化血脉。

如今，中国武术正迎来新的发展机遇。在全球文化多元化的大背景下，中国武术不仅是中国文化的代表，更是中国文化与世界文化交流互鉴的桥梁。通过与其他文化的对话，中国武术能够吸收更多元的元素，进一步拓展其表现形式和内涵，为中国文化的对外传播提供新的动力。

本书将深入探讨中国武术文化的传承与发展，着眼于其历史渊源以及国际传播等方面，通过系统性的研究与论述，展现中国武术的独特魅力。同时，本书也将探讨中国武术在现代社会中所面临的挑战与机遇，以及如何更好地传承和发扬中国武术的卓越传统，使其在当今世界焕发新的生命力。

本书共六章。第一章为中国武术的历史演变，主要阐述了古代武术的起源与发展、中国武术在不同历史时期的演变、中国武术的流派与传统门派、中国武术的国际传播与影响。第二章为武术传承与师徒制度，主要内容包括传统武术的口传心授传统、师徒制度的介绍、新兴技术对传统师徒关系的影响、师徒制度对武术传承的影响。第三章为武术与多元文化的融合，主要内容为中国武术与文学、艺术的关系，武术与传统节庆、仪式的结合，武术与影视作品的关系，武术与绘画的交融，武术与中国哲学、道德观念的一体化，武术与中国传统医学。第四章为武术流派与风格的多样化，主要内容为武术流派的分类与特点、南拳北剑的差异、内家拳与外家拳的比较、武术的器械与道具的多样性、中国武术的地方性与民族性。第五章为武术现代化与国际交流，主要阐述了武术的竞技化与体育化、中国武术与国际奥林匹克运动、武术的国际传播与相关评价、中外武术交流的历史与现状。第六章为武术在教育体系中的地位，其主要内容为武术与学校教育、武术课程的设计与发展、武术师资队伍的选拔、武术与学生全面发展的关系、武术在职业教育中的应用、武术教育对社会文化的影响。

　　为了确保研究内容的丰富性和多样性，笔者在写作过程中参考了大量理论与研究文献，在此向涉及的专家学者表示衷心的感谢。限于笔者水平，本书难免存在一些不足，在此，恳请读者朋友批评指正！

目　　录

第一章　中国武术的历史演变 ………………………………………… 1

　　第一节　古代武术的起源与发展 ……………………………… 1

　　第二节　中国武术在不同历史时期的演变 …………………… 4

　　第三节　中国武术的流派与传统门派 ………………………… 9

　　第四节　中国武术的国际传播与影响 ………………………… 16

第二章　武术传承与师徒制度 ………………………………………… 21

　　第一节　传统武术的口传心授传统 …………………………… 21

　　第二节　师徒制度的介绍 ……………………………………… 26

　　第三节　新兴技术对传统师徒关系的影响 …………………… 32

　　第四节　师徒制度对武术传承的影响 ………………………… 36

第三章　武术与多元文化的融合 ……………………………………… 44

　　第一节　中国武术与文学、艺术的关系 ……………………… 44

　　第二节　武术与传统节庆、仪式的结合 ……………………… 49

　　第三节　武术与影视作品的关系 ……………………………… 54

　　第四节　武术与绘画的交融 …………………………………… 59

　　第五节　武术与中国哲学、道德观念的一体化 ……………… 63

　　第六节　武术与中国传统医学 ………………………………… 69

第四章　武术流派与风格的多样化 …………………………………… 73

　　第一节　武术流派的分类与特点 ……………………………… 73

　　第二节　南拳北剑的差异 ……………………………………… 78

第三节　内家拳与外家拳的比较 …………………………………… 86

第四节　武术的器械与道具的多样性 ……………………………… 96

第五节　中国武术的地方性与民族性 ……………………………… 107

第五章　武术现代化与国际交流 ………………………………… 116

第一节　武术的竞技化与体育化 …………………………………… 116

第二节　中国武术与国际奥林匹克运动 …………………………… 124

第三节　武术的国际传播与相关评价 ……………………………… 130

第四节　中外武术交流的历史与现状 ……………………………… 137

第六章　武术在教育体系中的地位 ……………………………… 141

第一节　武术与学校教育 …………………………………………… 141

第二节　武术课程的设计与发展 …………………………………… 147

第三节　武术师资队伍的选拔 ……………………………………… 156

第四节　武术与学生全面发展的关系 ……………………………… 164

第五节　武术在职业教育中的应用 ………………………………… 171

第六节　武术教育对社会文化的影响 ……………………………… 176

参考文献 ……………………………………………………………… 183

第一章　中国武术的历史演变

第一节　古代武术的起源与发展

一、古代武术的起源：传说与实证

在历史的长河中，武术作为一种身体技能和自卫方式，通过口口相传、师徒传承的方式，形成了多种流派和风格。要深入探讨古代武术的起源，我们需要考虑传说中的神话故事、历史文献中的记载以及考古学和人类学的发现。

（一）传说中的神话故事

古代武术的起源往往被赋予了神秘而传奇的色彩。在中国，有关武术的传说可以追溯到黄帝时代，黄帝在太极山领悟到了武术的奥秘。另一个著名的传说与少林寺有关，据说达摩祖师在寺内创立了少林武术，为僧侣提供了自卫和修炼的手段。这些传说虽然缺乏具体的历史证据，但在武术文化中占有重要地位，被视为武术传统和价值体系的根基。

（二）历史文献中的记载

除了传说，历史文献中也有有关古代武术起源的记载。在中国的古代文献中，如《易经》《孙子兵法》等，都包含了关于武术的理论和实践。这些文献提供了一些关于武术起源的线索，但由于古代文字的叙述方式较为模糊，真实性难以考证。

（三）考古学和人类学的发现

近年来，随着考古学和人类学研究的进步，一些关于古代武术起源的实证性证据逐渐浮出水面。考古学家在世界各地均发现了古代武器的身影。这些发现为我们提供了关于古代人类如何运用身体进行自卫和战斗的实际证据。

人类学也揭示了不同文化中的武术传统是如何通过社会仪式、舞蹈相互交织的。这些研究成果使我们更好地理解了武术不仅仅是一种战斗技能，更是文化和社会的一部分。

（四）不同地区的武术传统

不同地区的武术传统具有独特性。例如，印度的卡拉里帕雅图（Kalaripayattu）被认为是世界上最古老的武术之一，强调身体的灵活性和内外兼修。日本的武士道强调武士的道德修养和忠诚精神。中国的武术分为内家和外家，注重气的运用和身体的柔韧性。

综上所述，古代武术的起源是一个既充满传说又富有实证性的议题，这正是其迷人之处。传说中的神话故事、历史文献的记载以及考古学和人类学的发现相互交织，共同构成了我们对古代武术起源的理解。尽管真相可能永远也无法完全还原，但通过多方面的研究和综合分析，我们可以更全面地认识古代武术在人类文化中的独特地位。在这个过程中，我们也能更好地欣赏武术所蕴含的智慧和价值。

二、古代武术的初步发展：武技的演进与应用

古代武术的初步发展是一个涉及多方面的复杂过程，包括武技的演进、应用领域的拓展以及文化和社会环境的影响。在人类历史的早期阶段，武术不仅是一种自卫手段，也是一种生存本能。通过演变和适应，古代武术逐渐从简单的生存技能发展为一门复杂而丰富的艺术，影响着不同文化的演进。

（一）早期武技的演变

人类在生存斗争中逐渐摸索出一些基本的武技。最早的武术可能包括用石器和木棒进行的简单近身战斗技能。随着社会的进步，人们开始使用金属武器，如剑、矛，这推动了武技的进一步演进。在这个演进过程中，武术逐渐融合了战术、技术和体能训练，形成了更为系统和复杂的技能体系。

（二）宗教和哲学对武技的影响

宗教和哲学在古代武术的发展中也起到了重要作用。在中国，道家和儒家思想对武术有着深远的影响。道家注重内外兼修，提倡无为而治，影响了内家拳的发展。儒家注重仁爱和礼仪，对武士的道德修养有一定的影响。在日本，禅宗的思想影响了武士道的发展，注重精神修养。

（三）社会制度和武术的结合

古代社会的制度也对武术的发展起到了重要的推动作用。在封建社会中，武士阶层的崛起使武术成为一种社会地位的象征，同时也加速了武术技能的传承和演进。武术不仅仅是战争中的一种工具，更是一种文化的体现，为社会提供了一种独特的娱乐和教育方式。

（四）武术的传承和保护

随着时间的推移，古代武术的传承变得愈发重要。家族传承成为武术发展的重要途径。为了保护武术的纯正性和独特性，不少流派形成了严格的传承制度，强调师徒关系和口传心授。一些武术文化也成为非物质文化遗产，得到国家的保护。

三、古代武术名家与流派的形成

古代武术名家及其所代表的流派的形成是武术发展历程中一个至关重要的方面。随着时间的推移，一些杰出的武术家崭露头角，创造了各具特色的武术流派。这些流派的形成不仅丰富了武术的内涵，也在一定程度上塑造了武术的优良形象。

（一）流派的兴起

1. 少林寺派

少林寺是中国武术的重要发源地之一，以其独特的少林功夫而著称。少林寺僧人通过长时间的锻炼和实战，创立了少林拳等多个拳种，将佛教和武术相融合。

2. 峨眉派

峨眉山是中国武术的另一重要发源地，峨眉派以其独特的女子武术而著称。该派注重内外兼修，强调柔和技巧，形成了峨眉拳等一系列独特的武技。

3. 武当派

武当山是中国武术的发源地之一，武当派强调内家拳的修炼，注重道家哲学的影响。张三丰被认为是武当派的创始人，太极拳就是武当派的代表性拳种之一。

（二）个人对流派的影响

1. 陈王廷与陈氏太极

陈王廷是太极拳发展历程中的关键人物之一，他在太极拳的基础上进行了改进和发展，形成了独特的陈氏太极。陈氏太极注重发力的变化，成为太极拳中的一支重要流派。

2. 杨露禅与杨氏太极

杨露禅是太极拳的重要传人，他在太极拳的基础上加入了许多连贯和流畅的动作，形成了杨氏太极。杨氏太极注重开合动作和流畅性，成为太极拳中的又一重要流派。

（三）流派之间的交流与融合

随着时间的推移，武术流派之间进行了广泛的交流与融合。一些武术家通过学习不同的流派，吸收各种技术和理念，创造了更为综合化和多样化的武术风格。这种交流与融合促进了武术的进步与发展，形成了更为庞大而灵活的武术体系。

（四）流派的传承与保护

武术流派的传承是保护和发展武术的关键环节。为了确保武术的纯正性，一些流派建立了严格的传承制度，强调师徒关系和口传心授。一些流派还通过编写武术经典、设立武馆等方式，传承并保护其独特的技术和理念。

第二节　中国武术在不同历史时期的演变

一、不同朝代对武术的政治与社会影响

不同朝代对武术的政治与社会影响是一个广泛而复杂的议题。在中国及其他地区的历史中，武术一直扮演着重要的角色，它不仅仅是一种战斗技能，更是文化传统和社会制度的一部分。通过历史的长河，我们可以看到不同朝代对武术的政治和社会影响，这种影响体现在武术的发展、传承、制度化等多个方面。

（一）夏商周时期

在夏商周时期，武术主要用于战争和政权的巩固。武士阶层成为统治者的亲信，武技高超被认为是一种社会地位的象征。武术在军事制胜上起到关键作用，

同时也催生了一系列兵法和军事理论。

（二）秦汉时期

秦始皇统一六国后，实行中央集权制度，将武力视为统一国家的工具。兵家学派兴盛，形成了一系列兵法典籍。而汉代时期，武术逐渐融入民间，武艺成为士人修身养性的一种手段，这对武术的文化内涵产生了深远影响。

（三）隋唐时期

隋唐时期，武术开始融入宫廷文化。武将成为朝廷的支柱，武技高超被视为武官的基本素养。同时，隋唐时期出现了一些著名的武术家，如李白、李靖、裴旻等，他们不仅在战场上崭露头角，也为武术的发展注入了新的文化元素。

（四）宋元明时期

在宋元明时期，武术逐渐走向民间。在儒家思想的影响下，武术被视为一种修身养性的手段。此时期也见证了一些著名的武术家如岳飞、张三丰等的崛起，他们通过创新和传承，创立了独特的武术流派。

（五）明清时期

明清时期，武术进一步向社会渗透。清朝时期，康熙、雍正、乾隆三位皇帝都对武术有所关注，促进了武术在社会中的流行。

（六）近代以后

在近代以后，武术逐渐从封建社会走向现代社会。武术经历了辛亥革命、抗日战争、解放战争等历史事件的洗礼，成为国家建设和国防建设的一部分。

综上所述，武术作为一种具有深厚历史底蕴的文化现象，历来在战争与国家安全方面扮演着重要角色。在古代，武术高手作为统治者的得力助手，其高超的技艺与高忠诚度对国家的稳定具有举足轻重的意义。同时，受到儒家思想的影响，武术逐渐被赋予了修身养性的内涵。武术家们通过修炼武技来提升个人品德，成为社会的楷模。

在不同的历史时期，武术流派的形成与演变均展现出鲜明的时代特色。这些流派不仅推动了武术的多样化发展，而且成为中华传统文化的重要组成部分，对文学、戏曲、绘画等领域产生了广泛影响。以明清时期为例，当时的武术得到了系统的整理，形成了一系列经典著作与体系，为后世武术的进一步发展奠定了坚实基础。

进入近代以后，随着各国交往的日益频繁，武术逐渐成为代表中国文化的名片，并在国际范围内得到广泛传播。国际上的武术交流活动不仅增进了中国与其他国家的友谊，同时也为弘扬中华文化、推动世界文化多元化发展做出了积极贡献。

综上所述，武术在不同历史时期均具有独特的政治与社会价值。它不仅在军事领域发挥了重要作用，而且在文化传承、价值观念塑造、社会制度发展等多个方面产生了深远的影响。通过深入探讨武术的历史地位与作用，我们可以更加全面地认识这一重要的文化遗产，并为其在现代社会的传承与发展提供有益的借鉴。

二、历史事件对武术演变的推动与制约

历史事件对武术演变的推动与制约是一个复杂而深刻的话题。在人类历史的长河中，政治动荡、文化交流等事件都对武术的发展产生了深远的影响。这些事件既推动了武术的繁荣和创新，同时也制约了其发展的方向。通过审视这些历史事件，我们能够更全面地了解武术的演变过程，同时也看到了武术与时代的紧密互动。

（一）推动武术演变的历史事件

战国时期：在战国时期，战乱频繁，各国为了生存和发展，开始对军事技能进行更为深入的研究。这一时期，兵法、战术理论渐成体系，对后来武术体系的形成起到了推动作用。

秦始皇统一六国：秦始皇的统一行动标志着中国封建社会形成，武术逐渐与军事体系结合，成为统治国家的工具。这个时期武术的发展受到政治权力的推动，武士阶层的崛起也加速了武术的演变。

宋元明时期：在这一时期，武术逐渐走向民间，成为一种修身养性的手段。文人墨客开始将武术与诗文、书法相结合，形成了一系列的武林文化。武术开始注重内外兼修，不仅仅局限于军事用途。

清朝时期：清代，康熙、雍正、乾隆三位皇帝对武术有所关注，促进了武术在社会中的流行。同时，一些武术名家如陈王廷、杨露禅等崭露头角，创立了独特的武术流派。

辛亥革命：辛亥革命的爆发标志着封建制度的瓦解，武术开始从封建社会走向现代社会。武术家纷纷参与革命，使武术成为国家建设和国防建设的一部分，推动了武术体系的建立。

（二）制约武术演变的历史因素

儒家思想的影响：在封建社会中，儒家思想对武术产生了一定的影响。儒家强调仁爱、礼仪，对武力的过度追求持谨慎态度，这使得武术在一段时期内被边缘化。

社会动荡的时期：在一些社会动荡的时期，政治与社会环境不稳定，在这种情况下，一些武术家可能会受到政治打压，甚至被迫放弃武术传承，导致武术传承中断。

例如在军阀混战时期，一些武术家被迫卷入战乱，武术流派受到影响，甚至一些武术因战乱而失传，武术发展的方向受到了极大的制约。

武术流派的封闭性：一些武术流派过于封闭，与外界的交流相对较少。这种封闭性使得一些新的理念、技艺不能够被及时吸收，制约了武术的创新和发展。

现代武术的崛起：随着社会的发展，传统武术与现代搏击运动相互融合，中国武术开始在国际舞台上崭露头角，一些传统流派也开始融入新的元素，形成更为多样化的武术体系。

互联网的兴起：互联网的普及和发展为武术的传播提供了全新的平台。武术视频、在线教学等途径使得武术的传播更为便捷，同时也促进了武术的多元化发展。

国际交流与比赛：国际武术比赛和交流活动的增多使得不同国家的武术家相互学习，促进了武术的发展。同时，一些武术家通过国际比赛等途径推动了武术的创新与普及。

历史对武术演变的推动与制约是一个复杂而深刻的话题。各个历史时期的政治、社会、文化变革都在不同程度上影响了武术的发展轨迹。潮起潮落，历史既为武术的繁荣提供了动力，也为其发展带来了一些挑战。在当今时代，传统与现代、东方与西方的融合让武术更为丰富多彩。

三、文化交流对武术发展的影响

文化交流对武术发展的影响是一个丰富而复杂的主题。在经济全球化的时代，文化交流不断增加，各国之间的交流与融合为武术提供了全新的发展机遇。这种跨文化的交流塑造了武术的多元面貌。

（一）文化交流对武术技术的影响

1. 融合各国武术风格

文化交流使得各国武术相互融合，形成了新的风格和流派。例如，美洲武术、巴西柔术等都是融合了当地本土文化的武术。

2. 现代科技对武术的影响

通过国际间的文化交流，武术也借鉴了现代科技的成果。虚拟现实、传感器技术等现代科技的运用使得武术的训练和表演更为精细化和科学化。

（二）文化交流对武术传统的影响

1. 传统技艺的保护与传承

在文化交流中，一些国家和组织对中国传统武术的保护和传承尤为重视。例如，一些武术项目被列为联合国非物质文化遗产，这有助于保护和传承武术的传统技艺。

2. 文学、电影与武术

文化交流使得武术不仅仅局限于实战技艺，还涉及文学和电影等艺术形式。武侠小说、武术电影等文艺作品广泛传播，成为世界文化的一部分。

（三）文化交流对武术普及的影响

在文化交流的推动下，武术不再仅仅是一种战斗技能，更成为一种受欢迎的健身运动。武术的广泛传播使得更多人加入武术训练中，促进了武术的普及与发展。

文化交流推动了武术在各类媒体和社交平台上的曝光。武术教学视频、比赛直播等成为武术信息传播的重要方式，促进了武术在全球范围内的传播。

武术成为一种旅游吸引力，一些武术名家的故居成为游客喜欢的景点。文化交流使得武术不仅仅是一项运动，更成为一种文化体验，吸引着全球游客的加入。

（四）挑战与反思

1. 误解与扭曲

武术在文化交流中有时会被误解和扭曲。有些表演性质较强的武术形式被误解为实战技能，这可能损害了武术的严谨性和真实性。

2. 商业化与功利性

随着武术的国际化，商业化的倾向不可避免地涌现。一些武术活动过于功利化，注重表面的表演效果而忽略了武术精神的传承，这可能对武术的本质产生一定的影响。

3. 文化同质化

随着文化交流的加深，一些地方性的武术传统可能会受到文化同质化的影响，失去其独特性。这需要在交流中保持平衡，既要吸收其他文化的优点，又要保持自身的传统特色。

（五）未来展望

1. 跨文化的深入研究

未来，武术的发展将更多地融入跨文化研究中。要深入挖掘各国武术之间的相通之处，促进文化的交流与互鉴，形成更加丰富多彩的武术体系。

2. 新技术的应用

随着科技的发展，新技术将进一步影响武术的发展。虚拟现实、增强现实等技术的应用可能会改变武术的传统训练方式，创造更为丰富的学习体验。

3. 国际化的武术交流平台

我们可以建立国际化的武术交流平台，促使各国武术爱好者更为方便地进行交流、学习，推动武术的全球传播。

在经济全球化的大背景下，武术不再是局限于某一地域或民族的传统技艺，而成为世界人民共享的文化遗产。通过文化交流，武术融合了不同国家的文化元素，形成了多元、开放、创新的发展态势。

第三节　中国武术的流派与传统门派

一、不同流派的起源与特色

武术不同流派的起源和特色是武术发展历程中的重要方面。随着时间的推移，各种流派在不同的地域和文化背景中逐渐形成，每个流派都有其独特的技法和理念。本节将探讨几个具有代表性的武术流派，包括太极拳、少林寺功夫、武当拳等，分析它们的起源、历史以及各自的特色。

（一）太极拳

1. 起源与历史

太极拳起源于中国明朝末年，创始人是张三丰道长。太极拳的技法融合了道教的太极哲学，强调阴阳平衡、以柔克刚。太极拳经过长时间的发展，形成了多个派别，如陈氏太极拳、杨氏太极拳、武氏太极拳、吴氏太极拳等。

2. 特色

以柔克刚：太极拳注重以柔克刚的原则，强调运用对手的力量，以圆滑的动作化解攻击。这体现了太极拳对阴阳平衡和自然法则的理解。

动静结合：太极拳强调动与静的结合，通过缓慢的、流畅的动作来提高身体的柔韧性。太极拳的套路注重整体的流畅性，既有快速的动作，也有缓慢的运动。

强调内功：太极拳强调内功的修炼，包括深呼吸、丹田呼吸和意念的调和。这种内功的修炼有助于武者增强身体的耐力、提高灵敏性。

（二）少林寺功夫

1. 起源与历史

少林寺功夫起源于中国的少林寺，其创始与印度高僧达摩有关。少林寺功夫在寺庙僧侣的练习中逐渐演化成了一种独特的武术体系。少林寺功夫在发展历程中形成了众多拳法。

2. 特色

注重外功：少林寺功夫注重外功的锻炼，包括腿法、拳法和手法等，动作刚猛有力，注重爆发力和速度。这种外功的练习有助于武者在实际战斗中迅速应对。

形式丰富：少林寺功夫有丰富的套路和招式，涵盖了很多不同的动作和技法，包括动作迅猛的鹤拳、豹拳，以及注重内家功夫的太祖长拳等。

器械运用：少林寺功夫中常常运用武器，如棍、剑、刀等。武者需要掌握不同的器械技法，这不仅拓展了武者的技能范围，也使得少林寺功夫更为丰富多彩。

（三）武当拳

1. 起源与历史

武当拳发源于中国武当山，与道家文化有着密切的关系。武当拳的创始人是张三丰，他也是太极拳的创始人。武当拳在修道之路上强调武学与道学的融合。

2. 特色

以道为本：武当拳强调以道为本，追求内外兼修。在武当拳的修炼中，注重身体的柔和与心境的宁静。武者通过练习来增强内在的力量，既注重外功的锻炼，也注重内功的修炼。

动静结合：武当拳与太极拳一样，强调动静结合。套路中既有缓慢柔和的动作，也有迅猛有力的技法。这种动静结合的练习有助于武者全面发展身体的各个部位。

气贯全身：武当拳强调气的运用，通过深呼吸、内劲的调和来实现气贯全身。这种气的运用有助于提升武者的耐力、灵活性和抗压能力，使武者在战斗中更为灵活。

（四）五福拳

五福拳是中国传统武术的一种，源自福建省。

内外兼修：五福拳强调内外兼修，既注重外在技法的磨炼，又强调内功的修炼。

实战导向：五福拳的套路和技法强调在实际战斗中灵活运用。拳法中融入了跌打、擒拿、拿捉等实用技能，使得五福拳在实际战斗中更具优势。

五福哲学：五福拳融合了五福教的思想，强调富贵、安康、聪明、安宁、长寿。这种哲学观念体现在武者的修炼中，既注重身体的强健，也注重心灵的宁静。

（五）形意拳

形意拳因其拳法注重形与意的结合而得名，强调动作形态与内在意念的统一。

刚猛有力：形意拳的特色之一是拳法刚猛有力。其动作直截了当，注重以刚硬的力量直接打击对手，体现了北方武术的雄壮风格。

形意结合：形意拳注重形态与意念的结合，即外在的动作形态与内在的意念要一致。

五行八卦：形意拳的拳理中融入了五行八卦的观念，通过模仿自然界的五行八卦变化来表达拳法的内涵。这种理念为武者提供了更深层次的拳理指导。

不同流派的武术各具特色，它们的起源和发展反映了不同地域和文化环境对其的影响。太极拳强调以柔克刚、动静结合；少林寺功夫注重外功锻炼和形式的丰富多样；武当拳融合武学与道学，强调内外兼修；五福拳强调实战导向，注重内外兼修；形意拳强调刚猛有力和形意的结合。

各个流派注重不同的方面，包括内功修炼、实战技能、形意结合等。这些流派的多样性丰富了武术的内涵，为武者提供了多样化的选择。同时，这也反映了中国武术作为一项深厚的文化遗产，融合了丰富的哲学、道学和艺术元素。在学习和传承武术的过程中，武者可以选择适合自己特长和兴趣的流派，从而更好地发展自己的武术技能。

二、不同流派的传承与发展

每个武术流派都有着悠久的历史，随着时间的推移，它们不断地演化和发展。传统的武术流派传承注重师徒制度，通过口传心授的方式将技艺传授给后代。然而，现代社会的变革和经济全球化的影响，使得一些武术流派逐渐开放，接纳了新的元素和观念，以适应当代社会的需求。

在流派的传承过程中，有时会涌现出一些杰出的武术家和宗师，他们对流派的发展起到了关键作用。同时，他们也通过培养一代又一代的弟子，保持了流派的生机和传统。

三、武术流派的多样性

武术流派的多样性体现了中国武术的博大精深。在这个庞大的家族中，每个流派都有着独特的技法、理念和文化内涵。这种多样性丰富了武术的面貌，使得它不仅仅是一种实用的自卫技术，更是一门兼具哲学、艺术和文化元素的综合性体系。

在现代社会，许多武术流派通过国际交流和合作，逐渐超越了地域的限制，走向世界。这种跨文化的交流使得武术在国际舞台上更加丰富多彩，吸引了越来越多的人加入武术训练中。

四、武术流派发展面临的挑战

（一）保护传统与创新发展之间的平衡

武术流派在传承中面临的挑战之一是如何在保护传统的同时实现创新发展。一些流派可能会遭受商业化和现代化的冲击，如何在发展中保持传统的纯粹性是一个值得思考的问题。

（二）文化认同与国际传播

随着武术的国际传播，在跨文化的背景中保持武术的文化认同，使其在不同地区得到尊重和理解，变得越来越重要。

（三）教学体系的规范化

武术流派在传承中往往依赖师徒制度，但随着社会的变化，如何建立规范的教学体系，以确保技艺的传承和培养更多的优秀武者，是一个亟待解决的问题。

武术流派的起源和特色体现了中国深厚的文化底蕴。每个流派都有着悠久的历史，通过其独特的技法、理念和文化内涵，丰富了武术的内涵。在各大流派的传承与发展中，武术家们不断探索创新，既保护传统，又勇于创新。随着武术的国际传播，这些流派将继续在全球范围内发挥作用，为人类的文化交流做出贡献。

五、传统门派的组织结构与传承机制

传统武术门派是中国武术传统的重要组成部分，它们不仅承载着深厚的文化传统，还是武术技艺和哲学思想的传承者。门派的组织结构和传承机制是门派发展和传承的核心要素。下面将深入探讨传统武术门派的组织结构、传承机制。

（一）传统武术门派的组织结构

1. 宗师

地位崇高：门派的宗师通常是具有丰富经验和卓越技艺的武术大师，地位崇高，被视为门派的领袖。

技艺传承：宗师是门派技艺的传承者，通过亲自指导弟子，传承门派的独特武术技法和理念。

2. 师父（掌门人）

教学与管理：师父负责门派的日常教学和管理事务，是宗师的得力助手，同时在宗师缺席时负责门派的运作。

弟子培养：师父负责培养门派的新一代弟子，并传授技艺和传统的武术理念。

3. 长辈（师兄、师姐）

辅助教学：长辈在门派中担任助教的角色，辅助师父进行教学工作，指导初学者。

门派文化传承：长辈不仅传授武术技艺，还负责传承门派的文化、礼仪和道德观念。

4. 弟子（学员）

学习武技：弟子借助师父、长辈的指导，系统学习门派的武术技艺，包括招式、套路等。

传统礼仪：弟子在门派中需要遵守传统的武术礼仪，尊重师长，遵循门规。

（二）传统武术门派的传承机制

1. 口传心授

宗师直传：传统武术强调"口传心授"，即师父通过口头教导和亲身示范，将技艺传授给弟子。

实战经验传承：宗师通过传授实战经验、战术技巧，使得弟子能够更好地理解和应用武术。

2. 世袭传承

家族传承：有些门派的武术技艺由家族中的资深成员传给年轻一代。

血脉相承：这种传承模式更强调家族血脉的延续，通过亲属之间的传承，保持门派技艺的纯正性。

3. 秘传技法

保守传承：有些门派将一些高深的武术技法或哲学思想视为门派的"秘传技法"，只有在弟子资质高且忠诚度足够高的情况下才会传授。

潜隐门派：一些门派对外保持低调，将部分技法保留在门派内部，以保守传承的方式维护门派的独特性。

传统武术门派作为中国武术传承的主体之一，通过其独特的组织结构和传承机制，维持了武术技艺和文化传统的延续。宗师、师父、长辈和弟子之间形成了紧密的师徒关系，门派内部形成了一种承前启后的传承模式。通过口传心授、世袭传承等机制，各大门派将武术的精髓传给后代。

然而，传统武术门派也面临一系列挑战，包括现代社会变革、门派间的竞争带来的文化认同问题。在应对这些挑战时，传统武术门派需要不断调整传承机制，灵活适应当代社会的需求，同时保持对传统文化的尊重。只有如此，传统武术门派才能在时光的洪流中焕发新的生机，为武术的传承和发展做出更大的贡献。

六、流派间的相互影响与融合

流派间的相互影响与融合是武术发展历程中的一个重要方面。在中国武术的漫长历史中，各个流派在不同地域和文化环境中独自发展，但同时也经历了相互交流、学习与借鉴的过程。下面将深入探讨不同流派间的相互影响与融合，分析这一现象对武术产生的影响。

（一）历史上流派间的相互影响

1. 少林拳与武当拳的相互影响

少林拳和武当拳分别代表了南北武术的两大流派，它们在历史上有过多次的交流。少林拳和武当拳在招式、套路和内功上都产生了一定程度的交融。例如，少林拳注重的是腿法的发展，而武当拳则更加注重拳法和内家功夫。这种南北流派的结合使得武术技艺更加全面。

2. 太极拳与八卦掌的交融

太极拳和八卦掌都起源于中国的内家拳术，它们在动作和理念上有着许多相似之处。太极拳强调以柔克刚、动静结合，而八卦掌强调变化莫测、迅速应变。在一些武术大师的倡导下，太极拳和八卦掌的技法相互借鉴，形成了八卦太极等新的流派，为武术的发展开辟了新的方向。

（二）流派间的融合发展

1. 太极拳的多元发展

太极拳作为一种内家拳术，在漫长的发展过程中吸收了众多其他武术流派的要素。太极拳的重要传承人陈王廷就曾在学习武术时融合了南拳、北拳、形意拳等多种技法，创造出了陈氏太极拳。后来的武术家们在太极拳的基础上加入了剑术、刀术、枪术等武术技法，使得太极拳的发展变得更加多元化。

2. 内家拳的整合

内家拳术包括太极拳、八卦掌、形意拳等，它们在理念和内功上有着共通之处。一些武术家将这些内家拳术进行整合，创立了内家拳的综合体系。这种整合使得学习者可以更全面地领悟内家拳的精髓，进而提升身体的柔韧性。

（三）流派融合对武术的影响

流派间的相互影响与融合使得武术技法变得更加丰富多样。不同流派间的结合，带来了新的招式、套路，使得武术的表现形式更加多元，有助于武者在实战中灵活运用不同的技法。

流派之间的融合不仅体现在技法上，更表现在武术思想的交流上。不同流派间的融合促进了武术思想的相互碰撞，形成了更为深刻的理念体系。这种思想层面的交流有助于武者更好地理解武术的内涵，提高修炼的层次。

流派间的相互影响和融合也促进了武术的文化传承。每个流派都有其独特的武术文化，包括礼仪、道德观念、歌谣等。流派间的融合使得这些文化元素得到交流和传承，为武术注入了更为广泛和深厚的文化内涵。

流派间的融合对武术的国际传播起到了推动作用。在全球范围内，武术爱好者通过学习和吸收不同流派的技法和理念，形成了各自独特的风格。这种国际交流促使武术更好地适应不同的文化环境，得到更广泛的认可和喜爱。

第四节　中国武术的国际传播与影响

一、武术走向国际舞台的历史过程

武术走向国际舞台是一个漫长的历史过程，这个过程涉及中国武术从本土走向世界、在国际上得到认可和传播的方方面面。

（一）早期背景：古代的武术交流

早在古代，中国的武术就与其他文化有着一定的交流。丝绸之路的建立为东西方文明的交流提供了通道，也让中国武术在一定程度上传播到了西方。然而，古代的武术传播主要以文化交流为主，而非有组织、有计划地推广和传播。

在明清时期，中国与西方的文化交流有所增多，武术也开始引起西方学者和军事家的关注。一些中西文化交流事件使得一些武术元素逐渐渗透到西方学者的视野中，但这仍然是零散的、个体的交流。

（二）近现代的国际传播

1. 洋务运动与近代武术的国际化

19世纪末至20世纪初，中国面临列强的侵略，洋务运动是中国近代化的一次尝试。在这个过程中，西洋文化逐渐渗透到中国，形成了一些新的武术流派。这些新的流派融合了东西方的元素，成为近代武术的一个重要分支。

2. 国际化的武术组织和赛事

20世纪80年代，随着武术的国际化发展，一些国际性的武术组织和赛事开始涌现。国际武术联合会（IWUF）成立于1990年，推动了国际奥委会对武术的认可。世界武术锦标赛等国际性赛事也为武术的国际传播提供了平台。

（三）未来武术国际化的发展方向

通过规则的标准化、国际赛事的举办等方式，武术可以更好地融入国际体育和文化领域，为世界各国的武术爱好者提供更多的学习和交流的机会。以下是未来武术国际化的一些可能的发展方向。

1. 规则和评判体系的标准化

为了使武术早日成为奥运会正式比赛项目，各流派的规则和评判标准需要进一步标准化。这样不仅有助于提高比赛的公正性和公平性，也能使武术在国际舞台上更具统一性。

2. 强化国际合作与交流

各国武术团体应加强国际合作与交流，促进武术在全球范围内的传播。通过举办国际性的武术交流活动、合作项目，加深各国武术爱好者之间的了解，推动武术的国际化进程。

3. 注重武术教育与普及

在国际舞台上，除了举办专业的武术比赛外，注重武术教育和普及同样重要。推动武术成为全球学校体育课程的一部分，鼓励各国开展武术培训和交流活动，有助于提高全球公众对武术的认知度。

4. 体现文化价值

在国际传播中，要注重体现武术的文化价值，不仅要展示其独特的技术和艺术魅力，更要传递武术所承载的中国传统哲学、道德观念，使武术在国际上不仅是一种运动，更是一种跨文化的沟通方式。

5. 保护和传承各流派的传统

在国际化的过程中，要注意保护各个武术流派的传统性，防止其被过度改良，确保武术的根本特色和文化内涵得以保留和传承。

二、中国武术在国际体育与文化领域的地位

中国武术在国际体育与文化领域的地位一直备受关注，独特的技艺、深厚的文化内涵以及源远流长的历史，使得其在国际上不仅是一种体育运动，更是一种文化象征。

（一）中国武术在国际体育舞台的表现

近年来，随着国际武术比赛的兴盛，中国武术在国际体育舞台上大放光芒。世界武术锦标赛、亚洲武术锦标赛等赛事汇聚了来自世界各地的武术选手，展示了不同流派、不同风格的武术技艺。这些比赛促进了武术技术的交流与融合，也推动了武术在国际体育界的发展。

（二）中国武术在国际文化舞台的传播

1. 武术电影

中国武术电影在国际上具有巨大的影响力，影片《霸王别姬》《少林寺》《功夫》等成为国际观众熟知的代表作品。武术电影通过其精彩的武打场面和深刻的文化内涵，让观众更深入地了解了中国武术，并推动了中国文化在国际电影市场上的传播。

2. 武术表演在国际舞台的展示

中国武术作为一种独特的艺术表演形式，在国际文化舞台上频繁展示。在春节联欢晚会等大型文化节目中，武术表演常常是焦点之一。中国武术团体也在世界各地进行巡回演出，通过武术表演向世界人民展示了中国传统文化的博大精深。

3. 武术文化节与交流活动

为促进武术在国际文化舞台的传播，一些国际性的武术文化节和交流活动得到了推动。这些活动旨在加强各国武术爱好者的联系，推动武术文化的多元化发展。世界精武武术文化大会、国际武术文化交流大会等成为武术文化的交流平台，推动了武术在国际上的发展。

（三）武术对中国文化的影响

1. 传统文化的代表

作为中国传统文化的重要组成部分，武术承载着几千年的历史，蕴含着丰富的哲学思想、道德观念。借助武术，中国传统文化在当今社会得以传承和发扬。

2. 国际认知的提升

随着中国崛起为全球经济和文化大国，世界人民对武术的认知也随之提升。武术作为中国传统文化的代表，不仅仅是一种体育运动，更是一种体现中国文化精髓的符号。这种国际认知的提升有助于增强中国的软实力，使中国在国际事务中发挥更大的影响力。

3. 文化交流的桥梁与纽带

武术在国际文化舞台中扮演着桥梁和纽带的角色。通过武术，人们得以窥探中国传统文化的深厚底蕴，促进了不同文明之间的交流与理解。武术不仅是一种体育运动，更是中国文化走向世界的一种方式。

4. 文化自信与国家形象的展示

武术的国际传播增强了中国人民在国际舞台上的文化自信。通过在国际体育、电影、文化交流等方面的表现，中国展示了一个有着优良传统、创新活力的国家形象，这有助于塑造积极正面的国家形象。

三、武术在国际文化交流中面临的挑战及其对策

1. 文化误解与传播障碍

由于文化差异，外国民众对中国武术可能存在误解。武术不仅仅是一种技击手段，更承载着深厚的文化内涵。因此，在推广中国武术的过程中，需要通过更多的文化解释、交流和对话，减少文化误解，使外国民众更好地理解武术的历史、哲学和艺术价值。

2. 商业化对传统武术的影响

随着中国武术在国际上的受欢迎程度逐渐提高，商业化也成为一个需要警惕的问题。一些商业化的推广活动可能会弱化武术的传统性，过度追求表面的刺激和娱乐效果。在这种情况下，武术的深厚文化内涵可能会受到一定的冲击。

3. 规则和标准的差异

不同国家和地区对武术的理解和运用存在差异，尤其是在比赛规则和标准方面。这可能导致武术比赛中的公正性和公平性受到质疑。因此，为了保证国际武术比赛的顺利进行，需要更多的国际合作，需要制定统一的规则和标准。

4. 保持文化自信

在与外国文化交流的过程中，中国武术要保持文化自信。保护传统武术，不仅仅是保护一种体育项目，更是保护中国传统文化的一部分。在国际舞台上展示武术的同时，如何保持其独特性和传统性，是一个需要深思熟虑的问题。

5. 推广途径与手段的多样性

为了更好地推广中国武术，需要采取多样化的推广途径和手段。除了传统的

比赛和表演，还可以通过新媒体、网络平台、体验活动等方式，吸引更多的人群参与，加深其对武术的了解。

外国文化对中国武术的接受与影响是一个双向互动的过程，既丰富了中国武术本身，也提升了中国文化在国际舞台上的影响力。在这个过程中，中国武术通过吸引外国爱好者、影响国际流行文化，成为一种全球共享的文化遗产。

在面对挑战的同时，中国武术也迎来了更多的机遇。通过规范推广途径、加强文化对话，中国武术可以更好地融入国际文化大家庭，为促进文明互鉴、构建人类命运共同体做出更积极的贡献。同时，作为一种传统文化的代表，武术的国际传播也有助于加深不同文明之间的理解，推动构建和谐、包容的世界。

第二章　武术传承与师徒制度

第一节　传统武术的口传心授传统

一、口传心授传统传承方式的优势与局限性

口传心授是一种传统的知识传承方式，通常是通过口头传授和亲身示范来传递特定领域的技能、经验和文化价值观。这种传承方式在人类历史上起着重要的作用，尤其在艺术、手工艺、医学等领域。口传心授存在一些优势和局限性。下面将详细讨论这些方面。

（一）优势

1. 实用性强

口传心授注重实际操作和经验分享，能够传递具体、实用性强的技能。通过亲身示范和讲解，学习者可以更直观地理解和掌握知识，并快速应用于实践中。

2. 传承性好

口传心授通常是由经验丰富、资深的传承人传授，他们往往拥有丰富的实践经验。这种方式能够确保知识在传承过程中不仅仅停留在理论层面，还能够保持实际应用的深度和广度。

3. 人际互动明显

传统的口传心授方式强调师徒关系，通过师父与学徒之间的互动，学徒可以直接向师父请教问题，获得及时的反馈。这种人际互动有助于建立深厚的师徒关系，传递更多的非书面知识。

4. 文化传承效果好

口传心授在文化传承方面起到了至关重要的作用。很多传统技艺和文化习惯

无法通过书面资料完整表达，而是需要口头传递，以保持其原汁原味的特色。

5. 适应性强

口传心授具有较强的适应性，能够灵活满足不同学习者的需求。传承人可以根据学徒的学习进度和个体差异调整授课方式和内容，使传承更具有针对性。

（二）局限性

1. 信息流失

口传心授的一个明显问题是存在信息流失的可能性。随着时间的推移，传承的知识可能会有遗漏或失真，特别是当传承人逝世或不能继续传授时，相关的知识可能难以保留。

2. 依赖个体

口传心授通常依赖于个体传承人，一旦传承人无法继续传授，整个传承体系可能面临崩溃。这种依赖性使得传统技艺面临断层和失传的危险。

3. 地域性限制

这种传承方式通常受限于地域和社群，使得只有在特定地区或社群中的人才能够获得这些传统知识。这使得文化传承具有局限性，难以持续推广和传播。

4. 教学效率低

口传心授的过程相对较为缓慢，需要用较长的时间来培养学徒。这在现代社会的快节奏环境下可能导致教学效率低，无法满足迅速变化的社会需求。

5. 不够标准化

口传心授通常缺乏标准化的教学内容和评估标准，使得学习者的知识和技能水平难以被客观评估。这可能影响传承的质量和可持续性。

口传心授作为一种传统的知识传承方式，具有其独特的优势和局限性。在现代社会，应当综合考虑传统方式和现代技术手段，寻求更为全面和可持续的知识传承模式，尤其是通过整合数字化技术、录像、在线平台等手段，可以弥补口传心授方式的一些不足，促进知识的更广泛传播和传承。保留其传统的精华，同时结合新手段，能够更好地应对社会变革，实现知识的可持续传承。

二、传统武术口传心授的典型案例——陈氏太极拳

传统武术的口传心授是一种世代相传的传承方式，通过师徒之间的亲密互动、

口头传授和实践演练，将武术技艺、哲学思想、文化传统等综合传递给后代。下面将通过典型案例（以陈氏太极拳为例）展示口传心授的特点和魅力。

（一）背景介绍

陈式太极拳是太极拳的五大流派之一，具有悠久的历史和深厚的文化内涵。其中，陈式太极拳的口传心授独具盛名。

（二）师父：陈式太极拳传承人陈小旺

陈小旺是陈式太极拳的传承人，拥有丰富的太极拳经验和深厚的家传功夫。他从小随父辈学习太极拳，通过世代相传的方式，接受了陈式太极拳的独特传统教育。

（三）亲身示范和解读

陈小旺注重亲身示范和解读。他会用实际动作演示招式，同时用口头语言解读每个招式的要领、意境等。这种亲身示范和解读有助于学徒更直观地理解和领悟太极拳的奥妙。

（四）师徒互动的重要性

在口传心授的过程中，师父和学徒之间的互动非常重要。陈小旺强调学徒要主动提问，理解每个招式背后的思想，通过与师父的交流达到更深层次的理解。这种师徒互动有助于建立起师徒之间深厚的感情和信任基础。

（五）个性化的教学

陈小旺善于根据学徒的特点和水平制订个性化的教学计划。他会关注学徒的身体状况、学习进度以及个体差异，因材施教，使得教学更贴近学徒的需求，提高了教学效果。

（六）传统礼仪的传承

口传心授不仅仅传授武术技艺，还涉及武术文化和传统礼仪。陈小旺会向学徒介绍太极拳的起源、发展历程，以及太极拳在中国传统文化中的地位。同时，传统的师徒礼仪和尊师重道的价值观也在口传心授的过程中得以传承。

（七）传统武术的内外兼修

口传心授注重传统武术的内外兼修，即内功修炼和外功技术并重。陈小旺强调太极拳不仅是一种外在的拳术，更是一种内在的修身养性之道。通过口传心授，他传承了太极拳独有的内功心法，使得学徒在练习中不仅锻炼了身体，更建立了强大的内心。

（八）社区传承和非正式场合的教学

陈小旺将口传心授融入社区生活中，不仅在正式场合进行教学，也在非正式场合进行口头传授。这种方式使得更多人能够参与到武术的传承中，促进了武术文化在社区的传播。

陈式太极拳口传心授的典型案例展示了这种传承方式的独特魅力。通过亲身示范和解读、个性化教学、传统礼仪的传承，陈小旺成功地将陈式太极拳的精髓传递给了下一代。这种口传心授方式不仅仅是对武术技艺的传承，更是对武术文化和价值观的传承，对于保护和传承传统武术具有积极的意义。

三、口传心授在现代社会中的变革与应用

口传心授作为传统的知识传承方式，经历了时代变革的考验，延续到现代社会。随着科技、教育和社会结构的发展，口传心授在技艺传承以及教育领域的应用也发生了一些变革，并在新的背景下得到了更广泛的应用。以下将从不同角度分析口传心授在现代社会中的变革和应用。

（一）数字化技术的应用

1. 在线教学平台

随着互联网的普及，传统的口传心授方式开始融入在线教学平台。师父可以通过视频、直播等形式，将传统技艺实时传递给学徒，突破了地域和空间的限制。这种方式使得更多人能够远程学习传统技艺，促进了文化传承的全球化。

2. 数字化教材

为了更好地记录口传心授的内容，一些传承人开始借助数字化技术，创建数字化教材。这些教材包括视频、文字、图像等多种形式，以便学徒在需要的时候进行回顾和学习。数字化教材的制作也有助于系统地整理和保存口传心授的传统知识。

（二）教育体制的整合

1. 学校课程设置

一些传统技艺逐渐被纳入学校的课程设置，成为学生的选修课程。通过在学

校设置口传心授的课程，可以提高传统技艺的传承效率，使更多的年轻人有机会接触和学习传统文化。

2. 文化活动和节庆

在一些社区和城市中，口传心授的活动也被纳入文化活动和节庆中。这样的活动不仅可以吸引更多人参与，还能够为传承人提供展示和传播的平台，促进口传心授在社会中更广泛地应用。

（三）社群传承的强化

1. 传承人培训

一些传统技艺的传承人开始关注培训新一代的传承人。通过制订培训计划，传承人可以将口传心授的技艺、经验传授给更多的学徒，形成更为稳固的传承链条。

2. 社群合作

在一些社群中，不同传统技艺的传承人之间开始合作，共同延续口传心授的传统。这种社群合作可以促使不同领域的传统技艺相互影响，形成新的交叉融合，使得传统文化更具有活力。

（四）跨学科研究与创新

1. 口传心授与现代科学的结合

一些传承人开始与现代科学家合作，将口传心授与现代科学结合，推动传统技艺的创新。这种跨学科的研究不仅有助于传统文化的更新，还为口传心授这一传承方式提供了新的动力。

2. 创新性的口传心授方式

一些传承人对口传心授的方式进行了创新，采用更具互动性的教学方法，结合现代心理学和教育学理论，使得传统技艺更贴合现代学习者的需求，提高了口传心授的吸引力。

（五）文化旅游项目与体验式教学

1. 文化旅游项目

一些传统技艺的传承人开始参与文化旅游项目，为游客口传心授文化遗产。这种形式既能够为传承人带来收入，同时也为更多人提供了了解传统文化的机会。

2. 体验式教学

一些传承人将口传心授的内容融入体验式教学中，让学徒亲自参与、实践，使得学习过程更加生动和有趣。这种教学方式不仅能够吸引更多的学徒，也更符合现代人的学习方式。

口传心授在现代社会中的变革与应用体现了传统文化与现代社会互动发展的新面貌。通过数字化技术的应用、教育体制的整合、社群传承的强化、跨学科研究与创新，以及文化旅游与体验式教学等，口传心授在适应现代社会需求的同时，成功地传承和发扬了传统文化的精髓。

第二节　师徒制度的介绍

一、师徒制度的核心特点及其文化内涵

师徒制度是一种在人类社会中广泛存在的传统制度，特别在艺术、手工艺等领域有着深远的影响。师徒制度的核心特点不仅包括经验传承、技能培养，更涉及传统文化的传承、社会关系的建立等方面。以下将深入探讨师徒制度的核心特点及其文化内涵。

（一）经验传承与技能培养

1. 经验传承

师徒制度的核心特点之一是经验传承。传承人（师父）通过口头和亲身示范，将自己积累的经验、知识、技能传递给学徒。这种经验传承是一种非正式、实践导向的教育方式，师父借助自己的实际经历告诉学徒在特定领域如何行动、如何应对问题。

2. 技能培养

师徒制度注重技能的培养和提高。学徒通过模仿、学习和实践，逐渐掌握并提高特定领域的技能水平。这种技能培养往往需要长时间的反复练习和耐心指导，通过师父的点拨和示范，学徒能够逐步完善自己的技艺。

（二）传统文化的传承

1. 丰富的文化内涵

师徒制度承载着丰富的传统文化内涵。在艺术、手工艺、武术等领域，师徒制度不仅仅是对技能的传递，更是对文化的传承。通过言传身教，师父向学徒传递文化的精髓，包括价值观、审美观、道德规范等方面的内容。

2. 传统价值观的体现

师徒制度传承了许多传统价值观，如尊师重道、忠诚孝顺、团队协作等。师父不仅仅是技术的传授者，更是学徒的榜样，通过言传身教培养学徒积极向上的人生态度和高尚的品德。

（三）社会关系的建立

1. 师徒关系的亲密性

师徒制度注重建立亲密而持久的师徒关系。师父对学徒的关心、引导，以及学徒对师父的尊重、信任，构成了一种独特的社会关系。

2. 社群感

师徒关系往往不仅仅局限于师父和一个学徒，而是形成了一个师徒社群。在这个社群中，师父和学徒之间互相学习、互相帮助，共同构建了一个稳固的社会网络。

（四）个性化教学和适应性强

1. 个性化教学

师徒制度注重个体差异，师父会根据学徒的个性、兴趣和学习能力，采用个性化的教学方法。这种个性化教学能够更好地满足学徒的需求，进而提高学习效果。

2. 适应性强

师徒制度具有较强的适应性，可以根据不同行业和领域的特点调整教学方式和内容。这种灵活性使得师徒制度在不同文化和社会背景中得以广泛应用。

（五）尊重传统的道德观念

师徒制度强调尊重传统的道德观念，如忠诚、正直、诚信等。通过师父的言传身教，学徒逐渐理解并内化这些道德观念，形成积极向上的人生态度。

（六）终身学习

师徒制度强调终身学习的观念。师父在传授技能的同时，也会引导学徒形成终身学习的习惯，鼓励他们在实践中不断提升自己的技能和知识水平。这种持续性的教育理念使得师徒关系不仅仅局限于学徒刚开始学习的阶段，而是伴随着学徒整个职业生涯的发展，形成一种长期的、深度的教育关系。

师徒制度作为一种古老而普遍存在的传统制度，不仅在技能传承方面具有独特的优势，而且在文化内涵、社会关系、道德观念等方面有着深远的影响。

师徒制度在现代社会中仍然具有重要的意义。在艺术、文化传承等领域，师徒制度为传统文化的保护和发展提供了可行的途径。与此同时，师徒制度的理念也可以在现代教育体系中发挥积极的作用，强调个性化、道德观念的培养、社会关系的建立，促进综合素质的提升。

总体而言，师徒制度不仅是过去社会的产物，更是一种具有普遍适用性和可持续性的教育模式。在现代社会中，可以通过合理融入数字化技术、跨学科研究、文化旅游等手段，为师徒制度赋予新的时代内涵，推动其在传承文化、培养人才等方面发挥更为广泛的作用。

二、师徒制度中的基本原则与道德规范

师徒制度作为一种传统的教育模式，承载着丰富的文化内涵和价值观念。在这个制度中，有一系列的基本原则和道德规范，这些原则和规范不仅涉及技能传承，更涉及人际关系、社会伦理、文化传承等方面。以下将深入探讨师徒制度中的基本原则与道德规范。

（一）尊师重道

尊师重道是师徒制度中最基本的原则之一。学徒从一开始就应该对师父抱有尊重之心，听从师父的指导。师父也应该以身作则，为学徒树立榜样，表现出对传统文化、技艺以及道德规范的尊重。

（二）忠诚孝敬

1. 师徒之间的亲情关系

师徒制度强调忠诚孝敬的观念，使师徒关系更加亲密。学徒对师父的忠诚和孝敬不仅是一种道德责任，更是一种情感的表达。这种亲情关系有助于师徒之间彼此信任。

2. 家庭和社会责任

通过忠诚孝敬的纽带，师徒关系也承载了家庭和社会责任。师父在传授技艺的同时，也在培养学徒的社会责任感。这使得师徒制度成为一种全面培养人的教育模式。

（三）不求回报

1. 无私奉献的精神

师父通常不追求直接的经济回报，而是注重无私奉献的精神。师父愿意传承技艺，是出于对传统文化的热爱和对学徒未来的期望，而非追求物质回报。

2. 学徒的感恩之心

学徒在师父的教导下，应该怀有感恩之心，懂得珍惜师父的辛勤教导。这种感恩之心并非物质回报，而是通过学徒自身的努力和成长来体现的。

（四）传承文化与培养人才

1. 传承文化

师父在带领学徒学习技艺的同时，也肩负着传承文化的责任。他们是传统文化的守护者，通过师徒制度，将文化的精髓传递给下一代。

2. 培养人才

师父既是技艺的传承者，也是人才的培养者。通过提升学徒的思想品德和文化修养，师父为社会培养出更多有着文化底蕴的武术人才。

（五）持续学习和不断进步

1. 师父的示范

师父应该以身作则，展示出持续学习的态度。通过不断进修、提升自己的技艺，师父为学徒树立了持续进步的榜样。

2. 学徒的进取心

学徒在师父的榜样影响下，应该培养自己的进取心。他们应该具备一种不断学习、不断探索的精神，以更好地发展自己的技艺和传承文化。

（六）沟通与互动

1. 开放的沟通渠道

师父与学徒之间应建立开放、畅通的沟通渠道。这种沟通不仅仅是技术层面上的交流，更包括对于文化、价值观念等方面的讨论，促进师徒之间的深层次理解。

2. 互动的学习氛围

互动是一种重要的学习方式。通过互动，师父可以更好地了解学徒的学习进度和需求，同时学徒也能更直观地领悟师父的经验和教诲。

（七）个性化教学

师徒制度中，师父需要关注学徒的个性特点，制订个性化的教学计划。每个学徒都有不同的学习方式和擅长领域，个性化的教学能够更好地满足学徒的需求。

（八）社群建设

师徒之间可以发展成一个具有团队协作精神的社群。在这个社群中，不仅有师父和学徒之间的互动，还可以有学徒之间的合作与共享，形成一个更大的学习共同体。

（九）培养社会责任感

学徒应提升自身的责任感，要明白自己作为传统文化的传承者所担负的责任，通过技艺的传承为社会做出贡献。

师徒制度中的基本原则与道德规范构成了这一传统教育模式的精髓。尊师重道、忠诚孝顺、不求回报等原则不仅在技艺传承中发挥着重要作用，更在文化传承、人际关系和社会责任等方面具有深远的影响。这些基本原则与道德规范不仅在传统领域中有所体现，也为现代教育体系提供了借鉴，促使人们更加关注传统文化的传承、人际关系的建立，以及社会责任感的培养。师徒制度所弘扬的价值观念，为社会构建了一种互帮互助、尊重传统的教育理念，是一种有益而富有深度的教育方式。

三、现代社会对师徒制度的理解与调整

在现代社会，师徒制度在某些领域仍然具有重要的意义。随着社会、经济、文化的发展，师徒制度在面临新的挑战和机遇时，不可避免地需要进行调整和适应。以下将从多个角度探讨现代社会对师徒制度的接纳与调整。

（一）技术与科学的进步

1. 数字化技术的融入

现代社会的技术与科学进步使得数字化技术很好地融入了师徒制度。通过在线教学平台、虚拟现实等技术手段，师父和学徒不再受制于地域因素，可以更方便地进行远程学习和指导。这种数字化技术的融入提高了传统师徒制度的灵活性，使得技能和知识的传递更为高效。

2. 智能化辅助教学技术

智能化辅助教学技术也为师徒制度带来了新的可能性。通过人工智能、虚拟助手等技术，学徒可以获得更为个性化和有针对性的教学指导。智能辅助教学技术可以帮助学徒更好地理解和掌握技艺，为师父提供更全面的教学支持。

（二）职业培训的创新

在职业培训领域，师徒制度也在不断创新。一些职业培训机构将师徒制度融入实际工作中，使学员能够在真实的工作环境中学习和实践。这种实际操作的培训模式更符合现代职业发展的需求，提高了学员的职业素养。

（三）社交媒体与社群传承

1. 社交媒体的应用

师父和学徒可以通过社交媒体平台分享经验、展示技艺，与更广泛的社群互动。这种方式不仅可以促进传统文化的传承，还能够吸引更多年轻人参与其中。

2. 社群传承的强化

社交媒体的兴起强化了社群传承的概念。师父和学徒不再局限于地理因素，而是可以加入不同领域的社群，进行跨界学习和合作。这种社群传承的方式使得传统技艺更容易与其他领域相互交融，创造出新的可能性。

（四）多元文化的融合

1. 跨文化交流

现代社会中，多元文化的融合为师父和学徒带来了跨文化交流的机遇。师父和学徒可以在跨文化的背景下相互学习，吸收其他文化的优秀元素，促进传统文化的创新和发展。

2. 国际性的师徒关系

一些掌握传统技艺的师父通过国际性的合作，建立起了国际性的师徒关系。这种国际交流不仅有助于传承文化，还能够促进文化的全球传播，提高传统技艺在国际上的影响力。

（五）性别平等观念与包容性的师徒关系

1. 性别平等观念

在现代社会中，性别平等观念逐渐深入人心。传统师徒制度在过去可能存在性别歧视的现象，而现代社会更加强调男女平等，为女性参与技艺传承提供了更多的机会。

2. 包容性的师徒关系

现代师徒关系注重包容性，不再受限于性别、年龄等因素。师父和学徒可以在一个更加平等、包容的环境中共同学习和成长。

第三节　新兴技术对传统师徒关系的影响

数字技术的融入使得师徒关系不再受制于地域。通过在线教学平台和虚拟现实技术，学徒得以更便捷、直观地学习技艺。这一趋势提高了传统技艺的传承效率，并使得师父能够更广泛地分享自己的经验。

几经演变，传统师徒关系仍然在当今社会中扮演着重要的角色。然而，随着科技的迅猛发展，新兴技术的涌现对传统师徒关系产生了深远的影响。

一、数字化技术与在线教学的兴起

1. 远程师徒互动

数字化技术的兴起使得传统师徒关系不再受制于地域因素。师父和学徒可以通过在线教学平台进行远程互动，进行实时的学习和指导。这种数字化的交流方式极大地拓展了传统师徒关系的范围，使得跨地域的师徒关系更为普遍。

2. 虚拟现实技术的应用

虚拟现实技术为师徒带来了更加直观和沉浸式的学习体验。通过虚拟现实设备，学徒可以模拟进行实际操作，感受真实的工作场景，而师父则可以通过虚拟现实技术进行远程指导。这使得师徒之间的互动更加生动和高效。

二、人工智能技术

1. 个性化教学辅助

人工智能技术可以根据学徒的学习情况和个性化需求，提供个性化的教学辅助。通过分析学习者的数据，智能系统能够制订更符合个体差异的学习计划，为学徒提供更加精准的指导。

2. 技能评估与反馈

人工智能技术还可以用于技能评估和反馈。通过智能化的评估系统，师父可以更客观地了解学徒的学习进度和技能水平，以便及时调整教学计划，并提供个性化的反馈和建议。

三、社交媒体与在线社群的发展

1. 经验分享与交流

社交媒体的盛行为传统师徒关系注入了新的元素。师父和学徒可以通过各类社交媒体平台分享学习心得、展示技艺，与更广泛的社群进行互动。这种社交媒体的应用促进了技艺的传播和交流，使得传统技艺能够更广泛地为大众所了解。

2. 在线社群传承

在线社群的形成强化了师徒传承的互动性。师父和学徒不再受制于地域因素，而是可以加入各类在线社群，进行跨地域的学习和互动。这种社群传承的方式促进了技艺的分享和交流，有助于形成更加广泛的学习共同体。

四、增强现实技术与实践操作

1. 实景模拟与操作指导

增强现实技术通过将虚拟信息叠加在真实环境中，为师徒提供更为直观的实践操作。学徒可以通过增强现实技术进行实景模拟，提高实际操作的真实感，而师父可以通过这种技术进行更精准的实践操作指导。

2. 技能培训的创新

新兴技术的应用为技能培训注入了活力。传统的手工艺技艺可以通过增强现实技术进行数字化呈现，使得学徒能够更快速地掌握复杂的技艺，为传统技艺的传承注入活力。

五、区块链技术

1. 知识产权的确权

区块链技术的出现为知识产权的确权提供了新的手段。师父的经验和技艺可以通过区块链技术进行确权，使得其贡献得到可追溯的记录。这有助于保护师父的权益，提高其传承传统技艺的积极性。

2. 学徒学习轨迹的透明化

区块链技术还可以用于记录学徒的学习轨迹，使得学徒的学习过程更为透明。这有助于师父更全面地了解学徒的学习状态，为教学提供更为准确的数据支持。

六、虚拟助手与机器人技术

1. 虚拟助手的辅助教学

虚拟助手和机器人技术在师徒关系中扮演着越来越重要的角色。虚拟助手可以通过智能对话和图像识别等技术，为学徒提供实时的问题解答和指导。机器人技术则可以在一些实际操作中扮演师父的角色，为学徒提供更为安全和高效的实践环境。

2. 机器人的实际操作支持

机器人技术可以在一些需要重复性实际操作的领域发挥作用。例如，在手工艺技艺的学习中，机器人可以模拟师父的实际操作，为学徒提供更为具体和实用的操作支持。

七、人类与机器协同学习

人类与机器协同学习是新兴技术的一大亮点。师父和学徒可以通过与智能系统协同学习，充分发挥各自的优势。智能系统可以提供大量的数据分析和知识库支持，而师父则能够传授更为深刻的经验和实践技巧。

人类与机器协同学习可以促使技能全面提升。通过人机结合的方式，师父和学徒能够在传统技艺的基础上融入新兴科技的元素，使得技能更加全面，适应性更强。

八、教育平台与在线课程的发展

1. 开放性的学习资源

新兴技术的发展推动了教育平台和在线课程的开放性发展。师父可以通过在线平台分享自己的知识和技艺，为更多有兴趣的学徒提供学习机会。这种开放性的学习资源有助于扩大传统师徒关系。

2. 灵活性的学习安排

在线课程的发展使得学徒能够更加灵活地安排学习时间，不再受制于时间和空间的限制，学徒可以根据个人的实际情况，选择最适合自己的学习时段和地点。

九、教育数据分析与个性化指导

1. 学习过程的数据化

新兴技术使得学习过程变得更加数据化。通过教育数据分析，师父可以深入了解学徒的学习习惯和进步情况。这种数据化的学习过程有助于师父更好地调整教学策略，为学徒提供更为个性化的指导。

2. 个性化学习路径

基于对教育数据的分析，可以为每个学徒制订个性化的学习路径。这有助于更好地满足学徒的学习需求，提高学习效果。师父可以根据学徒的学习数据，调整教学内容和方法，使得学徒更加专注和高效地学习。

十、隐私与伦理问题的挑战

1. 个人信息保护

随着技术的发展，学习过程变得越来越数字化。然而，这也带来了个人隐私保护的问题。学徒的学习数据包含个人隐私，需要更加严格地规范和监控，以保护学习者的权益。

2. 人工智能的伦理考量

人工智能技术在师徒关系中的应用可能引发一系列伦理问题。例如，智能系统如何确保对学习者的公正评估，如何避免对传统技艺的过度数字化等。

新兴技术的快速发展为传统师徒关系注入了新的活力，同时也带来了一系列的挑战。人工智能、虚拟现实等技术的应用使得传统师徒关系更加灵活，为传承和发展传统技艺提供了更多的可能性。然而，伴随着技术的发展，隐私、伦理等问题也需要引起人们足够的关注。在新兴技术的推动下，传统师徒关系将不断调整自身，以适应时代的发展需求。

第四节 师徒制度对武术传承的影响

一、师徒制度的重要性

武术作为中国传统文化的瑰宝，承载着丰富的哲学、道德和技术内涵。在武术的传承过程中，师徒制度被视为至关重要的环节。这一古老而珍贵的传承模式不仅是武术技艺的载体，更是中国传统文化中师道精神的具体体现。

（一）历史与文化传统的延续

1. 武术根植于历史文化

武术源远流长，根植于中国几千年的历史文化之中。师徒制度作为传统的教育模式，通过口传心授的方式传承着古老的武术技艺。这一模式确保了武术的根基能够在历史的长河中得以延续。

2. 传统文化的独特性

武术技艺融合了中国传统文化的独特精髓，包括儒、道、佛三家的哲学思想，中华医学的养生理念以及八卦、《易经》等传统文化元素。师徒制度承载了这些传统文化，使得武术不仅是一门技术，更是一门具有深厚文化内涵的艺术。

（二）技术的传承与提高

1. 口传心授的独特传授方式

师徒制度的核心在于"口传心授"，即通过言传身教的方式将技艺传承给学徒。这一方式能够确保武术的细节、技巧和精髓得以最完整地传递，保留了仅仅通过文字或视觉材料所无法传达的经验和感悟。

2. 实践中的修炼

武术的传承强调实践中的修炼，通过与师父共同练习、对抗，学徒能够更好地理解和领悟武术的精髓。师父通过个别指导，纠正学徒在实际操作中的不足，使得其武术技艺能够在实战中得到提高。

（三）师徒情感与信任的建立

1. 师徒之间深厚的情感

师徒关系不仅仅是一种传授技艺的师生关系，更是师徒之间的情感纽带。师父对学徒的关爱和引导，以及学徒对师父的尊敬和崇拜构建了一种特殊的情感体验。这种情感体验的存在使得学徒的学习更加投入，同时也使得技艺传承更为顺畅。

2. 师徒之间的信任

师徒之间建立的深厚情感为彼此信任奠定了基础。学徒对师父的信任使得学习过程更为顺畅，而师父对学徒的信任则使得学徒更有动力去继承并发扬武术的精髓。这种相互信任是武术传承的重要保障。

（四）武德的培养与人格塑造

1. 武德的培养

武术并非仅仅是一种招式的堆砌，而是更注重武德的培养。武术中的"武德"包括忍辱负重、宽容谦逊等，通过师父的引导，学徒能够在修炼的过程中培养这些品质。

2. 人格塑造

良好的师徒关系有助于学徒的人格塑造和修身养性。师父通过言传身教，不仅教给了学徒武技，更通过自身的言行潜移默化地影响着学徒的为人处世之道。这不仅仅是技艺上的传承，更是人格与道德层面的培养。

（五）文化自信的传承

武术作为中国传统文化的一部分，其传承体现了中华民族的文化自信。通过师徒制度，传统武术得以在后人中传承，使得中国人对于本土文化的认同感更加强烈。这有助于弘扬和传承中华传统文化，增强文化自信。

学徒在与师父的交流中不仅学到了武技，还深刻感受到了中国传统文化的博大精深。这种文化自信心存在于学徒心中，能够使其形成对国家的认同感，从而促使他们更加珍视自己的文化遗产。

（六）社会责任感的培养

武术作为一种实用的技能，同时也强调社会责任感。师徒制度在传承武术的同时，也注重培养学徒的社会责任感。学徒通过学习武术，深知武德之重要，将其内化为责任心，向社会传递正能量。

师父通过言传身教，教育学徒在掌握武术技能的同时，也要注重运用这些技能为社会服务。这既是对武术传统的继承，也是在为社会做贡献，使得武术传承在社会中具有更深远的意义。

（七）传统技艺的创新与发展

1. 创新意识的培养

传统武术通过师徒制度能够很好地培养学徒的创新意识。师父在传授传统技艺的同时，鼓励学徒在实践中进行思考和创新。这有助于传统技艺的不断更新和发展，使其更好地适应现代社会的需求。

2. 传承与融合

师徒制度促进了传统武术与现代技术、科学的融合。学徒在学习传统技艺的基础上，可以结合现代科技，为传统武术注入新的时代元素。这种传承与融合使得传统武术能够更好地保持生命力，吸引更多年轻人投身其中。

（八）身体素质与心理素质的提高

1. 身体素质的提高

武术的传承过程有助于身体素质的提高。通过师父的指导，学徒在武术的修炼过程中得以全面提升身体各项素质，包括力量、速度、耐力、灵活性等。这不仅有益于个体的身体健康，也提高了学徒实际应对挑战的能力。

2. 心理素质的提高

武术的修炼不仅仅是对身体素质的锻炼，更是对心理素质的培养。师父不仅传授技艺，还培养学徒坚韧不拔、沉着冷静的心理素质。这对于学徒在面对压力和困难时保持良好的心理状态至关重要。

（九）培养团队合作精神

武术传承强调团队合作。师父和学徒在共同练习、对抗的过程中不断磨合，形成默契的团队。这种团队合作的精神是武术传承中的一项重要内容，同时也对学徒在其他社会场合的团队协作具有积极影响。

师父鼓励学徒相互学习，共同进步，形成互助互补的团队。这对学徒融入团队起到了积极的作用。

（十）传统武术在当代社会中的意义

1. 身体保健

传统武术强调身体的全面锻炼，有助于维持身体健康。传统武术的保健功能在当代社会中具有重要的意义。学徒通过学习武术，不仅能够提高身体素质，还能够预防一些慢性病。

师徒制度是传统武术文化得以传承的关键。通过这种方式，传统武术的技艺、精神得以传承，并不断丰富和发展。在当代社会，传统武术作为中国独特的文化遗产，具有弘扬传统文化、增强文化自信的重要作用。

2. 社会心理的调适

传统武术的修炼过程强调心理的调适和心境的平和。通过师徒制度，学徒不仅在武术技艺上得以提高，同时也能够拥有平和与坚韧的内心，有助于应对现代社会中的各种压力和挑战。

3. 社会和谐的促进

传统武术注重的是"和谐"的理念。师徒关系的建立培养了学徒的和谐思维，使得传统武术的学习者更加注重和谐社会的构建。

师徒制度在武术技艺的传承中具有不可替代的作用。师徒制度不仅仅是对技艺的传承，更是对文化的传承，体现了中华传统文化中"师者，所以传道受业解惑也"的崇高理念。

二、师徒传承模式在武术发展中的作用

武术作为中国传统文化的瑰宝，源远流长，凝聚着千百年来的文化底蕴。在武术的传承与发展过程中，师徒传承模式一直扮演着至关重要的角色。这种传统的教育方式通过口传心授，使得武术技艺得以世代相传，同时也承载着丰富的文化内涵。

（一）历史传统的传承

1. 守望传统

师徒传承模式承载着守望传统的重任。通过师徒的紧密关系，武术得以从一个时代传承到另一个时代。这种延续性有助于保持武术的根本风貌，将古老的武术智慧传承给后代。

2. 文化的传递

师徒传承模式不仅仅是对武技的传递，更是对文化的传递。武术中蕴含着丰富的哲学思想、道德观念，这些文化元素通过师徒传承模式能够更为全面地传递给学徒。这种文化的传递有助于弘扬和传承中华传统文化。

（二）技术创新的激发

师徒传承模式强调"口传心授"，即通过言传身教的方式将技艺传授给学徒。这种传授方式能够确保武术的细节、技巧和内涵得以全面、深入地传递。学徒通过与师父的亲密互动，能够更好地理解和领悟武术的精髓。

师徒传承模式并非僵化地守着传统技艺，反而在传承中激发了技术的创新。在实际操作中，学徒可能提出疑问、提出改进意见，师父也能够根据学徒的反馈进行技术的调整和创新。这种互动促使武术技艺在传承中不断更新，保持活力。

三、师徒关系的变迁

师徒关系在武术传统中扮演着举足轻重的角色，是武术传承的核心机制之一。然而，随着社会的变革和现代化的发展，师徒关系也经历了一系列变迁。

（一）古代的师徒关系

1. 严格的等级制度

在古代，武术师徒关系往往被严格的等级制度所规范。武术门派中的师父地位崇高，学徒需严格遵循师门规矩，表现出极大的尊敬。师父除了传授武技，还负责提升学徒的品德修养。

2. 口传心授的传统传承

此时期的师徒关系强调口传心授，技艺的传承主要通过师父口述、亲自示范来完成。这种方式确保了技艺的全面传递，但也因为没有系统的书写而存在信息丢失的风险。

（二）现代化对师徒关系的冲击

1. 教育体制的变革

随着现代教育体制的建立，武术传承开始受到学校教育的冲击。传统的师徒制度逐渐被学校的课程体系所替代，武术技艺逐渐演变为一门课程，而非传统的师徒传承。

2. 社会观念的变化

社会观念的变化也对师徒关系产生了深远的影响。现代社会强调平等、民主，传统的等级关系逐渐受到质疑。在这样的社会环境下，传统的师徒制度可能显得过于严苛。

3. 技术手段的发展

随着技术手段的飞速发展，人们可以通过视频、网络等途径获取丰富的武术信息。传统的口传心授逐渐被网络资料所替代，这为武术传承带来了新的可能性，但也带来了信息失真的问题。

（三）师徒关系的现代化调整

1. 形式上的调整

面对现代化的冲击，一些传统武术门派开始逐渐调整师徒关系的形式。师父开始更注重理论知识的传授，有的甚至创办专业的武术学校，创设更加系统的课程。

2. 平等化的关系

在现代社会观念的影响下，一些武术师父开始弱化等级差异，倡导平等的师徒关系。学徒在学习过程中更强调自主性，而不是完全依赖于师父的指导。

3. 技术手段的发展

技术手段的发展使得武术的传承方式更加多样化。传统的口传心授与现代技术手段相结合，在线教学、视频分享等方式，使得武术技艺得以更广泛地传播。

（四）武术传承的新形式

1. 文化活动的推动

为了保持传统武术的传承，一些武术爱好者和门派积极参与各类文化活动，如武术表演、展览、比赛等。这些活动成为传统武术传承的新载体，吸引了更多年轻人的关注和加入。

2. 国际化交流的推动

国际化的交流也为传统武术传承提供了新的机遇。通过国际武术大赛、国际武术文化交流活动，中国传统武术得以在全球范围内发扬光大。同时，国外的武术爱好者也有机会深入学习中国武术。

3. 设立非物质文化遗产名录

将武术作为非物质文化遗产进行保护，近几年一些国家和组织加大了对传统武术的保护力度。制定相应政策，设立非物质文化遗产名录，有助于将传统武术纳入国家文化保护体系中，为其传承提供法律和政策的支持。

（五）现代社会对师徒关系的理解

1. 强调个体发展

在现代社会，对个体发展的强调使得师徒关系更加注重学徒的个体需求。师父不仅传授武技，还会根据学徒的兴趣和特长进行个性化的培养，以促进学徒的全面发展。

2. 注重终身学习

随着社会发展速度逐渐加快、技术不断更新换代，武术的传承也越来越注重终身学习。师徒关系不再是一个短期的关系，师父和学徒之间的关系也更具灵活性。

3. 跨文化融合

在经济全球化的背景下，不同文化的融合对师徒关系产生了影响。师父和学徒可能来自不同的国家、地区，他们之间的文化差异会对师徒关系的建立和发展带来新的挑战和机遇。

（六）新兴技术对传统师徒关系的影响

1. 在线教学的兴起

随着互联网的发展，在线教学逐渐兴起，成为武术传承的新方式。师父和学徒可以通过视频会议、在线课程等方式进行远程交流，这有助于摆脱地域因素的限制，促进武术的传播。

2. 虚拟现实技术的应用

虚拟现实技术的应用为武术学习提供了新的可能性。通过虚拟现实设备，学徒可以置身于"真实的"战斗场景，获得更真实的学习体验，而不受时间和地点的限制。

3. 社交媒体的影响

社交媒体的普及改变了信息传播的方式，也对师徒关系产生了影响。武术师父可以通过社交媒体平台分享自己的经验和技艺，吸引更多学徒的关注和学习。

（七）建议与展望

1. 强化文化认同感

为了增强学徒对传统武术的认同感，可以通过举办武术文化活动、弘扬传统武术的价值观念，培养学徒对武术的热爱，使其更加积极地投入武术传承中。

2. 加强国际交流

国际交流是传承传统武术的重要途径之一。鼓励武术师父参与国际武术大赛、国际武术文化交流活动，同时欢迎外国学徒学习中国传统武术，促进不同文化之间的交流与融合。

3. 倡导终身学习的观念

随着社会的不断发展，武术学徒应树立终身学习的观念。师父应鼓励学徒不断追求进步，不仅在技艺上精益求精，在理论知识、文化素养等方面也应全面发展。

4. 保护非物质文化遗产

支持国家和地方将传统武术作为非物质文化遗产进行保护。制定相关政策，建立非物质文化遗产名录，为传统武术的传承提供法律和政策的支持。

师徒关系作为传统武术的重要组成部分，其变迁与调整是历史发展和社会变革的产物。

在未来的发展中，需要继续推动师徒关系的现代化调整，整合传统与现代元素，以适应当代社会的需求。同时，加强国际交流、强化文化认同感、倡导终身学习观念，将有助于传统武术在全球范围内的传承与发展。通过综合利用新兴技术、注重社会责任感的培养，师徒关系将为传统武术的传承提供新的动力与可能性，使其在当代社会焕发出新的生命力。师徒关系的延续不仅是对先人智慧的珍视，更是传承与弘扬武术文化传统的很好的途径。

第三章　武术与多元文化的融合

第一节　中国武术与文学、艺术的关系

一、古代文学作品中的武士形象描绘

武术作为一门古老而深刻的文化艺术，在古代文学作品中被赋予了丰富的象征意义。在中国古代文学中，对武士形象的描绘不仅仅是对他们的战斗技巧的描写，更是人性、道德观念和文化精神的体现。通过文学作品中对武士形象的刻画，人们得以更深入地理解古代社会对武术的理解。

（一）武术与武士精神的融合

在古代文学中，武术常常与武士精神相互融合，形成强烈的文学形象。武士通常是身手矫健、武艺高强的战士，他们通过长时间的刻苦训练，掌握了高强的武技。《三国演义》中的关羽、张飞，以及《水浒传》中的武松等人物，都是典型的武士形象。他们在文学作品中的形象被赋予了英勇、忠诚、豪迈的特质，体现了武术对塑造人物形象的深远影响。

武士不仅在战场上展现出卓越的战斗技能，更在文学作品中展现出崇高的品德和信仰。例如，《三国演义》中的关羽是刘备的亲信之一，他不仅在战场上勇猛无敌，更以忠诚义气、宽厚仁爱的品格深受人们喜爱，为整个作品注入了强烈的正能量。

（二）武士形象与修身养性的关系

古代文学作品中，武士形象往往与修身养性相联系。武术不仅是一种对抗外敌的技能，更是内在品质的修炼方式。通过武术的修炼，武士在文学作品中展现出更为丰富的内心世界。

（三）武士形象的象征意义

古代文学作品中的武士形象还常常被赋予文化传承的象征意义。武术作为一种传统文化，通过代代相传的方式，在文学作品中成为家族、门派传承的一部分。

武士对武术的传承常常通过师徒关系来呈现。通过这种师徒传承的方式，武术的技艺得以传承，武士形象在文学作品中承载了文化延续和发展的任务。

（四）武士的英雄气概

武士形象往往与英雄气概紧密相连。在《岳飞传》中，岳飞被塑造为一个伟大的英雄形象，他武艺高强、忠诚耿直，是南宋抵抗金国侵略的杰出领袖。岳飞的武士形象不仅是对个体能力的赞美，更是保卫家国的英雄气概的体现。

（五）武术与对人性的深度探讨

武士形象在古代文学作品中也常常成为对人性进行深度探讨的载体。通过武术修炼和实践，文学作品展现出武士不同的品格和性格特点。有的武士展现出悲壮的英雄气概，有的武士追求内心的平静。

二、武术与现代文学创作的互动

随着社会的发展和文化的演变，武术这一古老而深厚的传统文化在现代文学作品中得到了新的表达。武术作为一门融合了技艺、哲学和道德的艺术，与现代文学的互动体现在文学作品对传统武侠题材的继承与创新上。在这种互动中，武术不再仅仅是一种战斗技能，更成为文学作品中探讨当代社会、人性复杂性和价值观念的重要元素。

（一）武术题材的现代演绎

许多现代文学作品仍然延续了武术题材，将武术融入故事情节，使之成为文学作品中引人注目的元素。这种现代演绎既是对传统武侠文学的致敬，又在此基础上进行了深刻的思考，使得武术题材在现代文学作品中呈现出更为多元和丰富的面貌。

例如，金庸先生的武侠小说被多次改编成电影、电视剧以及其他艺术形式。在这些改编作品中，武术不仅是为了战胜敌人而存在，更成为塑造人物性格、表达人物内心世界的手段。《射雕英雄传》中的郭靖、黄蓉，以及《神雕侠侣》中的杨过、小龙女，都是通过武术修炼展现出了独特的性格。这些武术题材的作品通过对武术精神的展现，传达了作者对忠诚、仁爱等价值观的深刻思考。

除了金庸的武侠小说，现代文学作品中也涌现出了一系列以武术为主题的作品。近年来，一些作家通过对武术的深入研究和对传统武侠题材作品的重新解读，创作了一系列富有现代意义的武侠小说。这些作品往往不仅注重对武术技能的描写，更深入挖掘武术背后的文化内涵，使之成为传递价值观念和人生智慧的媒介。

（二）武术精神的现代表达

武术精神作为一种追求卓越、克服困难、秉持正义的价值观念，在现代文学作品中得到了明显的体现。武术不再仅仅是一种外在的技能，更成为塑造人物性格、表达人物情感和内心世界的一种方式。

在许多现代文学作品中，主人公往往通过武术的修炼，实现了个人成长和内心境界的提升。

例如，一些现代小说中的警察、特工等角色常常具备高超的武术技能，通过对抗罪犯、维护正义的过程，展现了他们坚守法律、追求公正的信仰。这些角色在文学作品中是正义和道德的象征。

在现代文学创作中，武术不再被简单地视为一种传统技艺，而更成为文化交融的新视角。通过对武术的深入挖掘，文学作品呈现出多元化、开放性的文化景观。

一些现代文学作品中的武术元素常常融合了东西方文化，创造出新的文学形式和意义。这种文化的交融不仅仅是对传统文化的继承，更是不同文化之间进行对话和融合的新尝试。

武术与现代文学的互动，既弘扬了传统文化，又为文学创作注入了新的时代气息，共同构建了一个丰富多彩的文学世界。

三、艺术家如何通过文学表现武术的美学

武术美学不仅强调武术的技术之美，更关注武术对人性、社会伦理以及文化传统的深远影响。本文将从武术的身体美学、道德美学、哲学美学等角度，深入探讨艺术家如何通过文学表现武术的美学。

（一）身体美学：舞动的艺术

武术的身体美学体现在对身体的精准掌控、卓越的技术展示以及优雅的动作上。艺术家通过文学描写，着重展现武术中独特的身体美感，使读者感受到身体在运动时的协调和美妙。

动作的精准与协调：武术中的每一个动作都需要高度的协调性。在文学作品

中，艺术家通过细腻的描写，使武者在战斗中的每套动作都如同一场精心编排的舞蹈。动作的精准和协调不仅展示了武者高超的技艺，更营造出一种独特的身体美感。

肢体的灵活：武术的身体美学还表现在肢体的灵活性上。在文学描写中，艺术家通过形象的叙述，将武者的肢体变化描述得淋漓尽致，呈现出一种灵动而又刚健的美感。

呼吸与气质的统一：武术注重对呼吸的调控，通过深呼吸和腹式呼吸来调整身体和稳定情绪。在文学作品中，艺术家通过对武者呼吸的描写，展示出呼吸与气质的统一。这种统一不仅使武者在战斗中更为从容，同时也为艺术创作注入了一种内在的静谧之美。

节奏感与韵律感：武术动作的完成往往伴随着独特的节奏感和韵律感。在文学描写中，艺术家通过对武者动作的有机组合，展现出一种令人陶醉的节奏感。这种节奏感不仅仅是技术的表现，更是一种身体与艺术的完美融合。

（二）道德美学：武者的品格与信仰

武术的美学不仅仅局限在技术的高超和身体的优雅上，更涉及武者的品格、道德修养以及对正义与仁爱的信仰。通过文学创作，艺术家展现了武术所蕴含的丰富的文化内涵。

忠诚与正义：在许多文学作品中，武者往往被描绘为忠诚之士的化身，对家族、国家、朋友十分忠诚。通过对武者的忠诚的描写，艺术家强调了武术的美学与道德的内在联系。武者在维护正义的过程中，体现了其高尚的品格和对正义的坚守。

宽容与仁爱：在文学作品中，艺术家通过武者与他人的互动，展示了武者宽容、仁爱的一面。这种仁爱并非软弱，而是一种高尚的品德。

正直与坚韧：武者通常被塑造为正直不阿、坚韧不拔的人物形象。在面对困境和诱惑时，武者能够坚守自己的信仰和原则。通过对武者的坚韧的描写，艺术家强调了武术美学与正直品质的内在一致性。

勇气与自我超越：武者具有非凡的勇气和自我超越的品质。这种勇气不仅仅体现为战斗中的勇猛，更表现为对自我提升的不懈追求。

通过对武者的品格与信仰的描写，文学作品为武术美学注入了更为深刻的人文关怀，使之成为一种道德的表达方式。

（三）哲学美学：武术的内在哲思

武术美学中还蕴含着丰富的哲学内涵，包括对生命、自然、宇宙等方面的深刻思考。艺术家通过文学的表达，将武术的哲学之美呈现给读者，引导他们深入思考武术所蕴含的哲学观念。

生命的平衡与和谐：武术注重身体和内心的平衡，通过对呼吸、动作等的训练，实现身心的和谐。武者通过对自己身体和内心的掌控，实现了生命的全面平衡，体现出一种深刻的哲学思考。

自然与宇宙的融合：武术美学还与自然、宇宙等元素融合在一起。艺术家通过描写武者在大自然中修炼的场景，使读者感受到武术与自然之间的深刻联系。武者通过对自然规律的理解和尊重，实现了与宇宙的和谐共生。

心灵的净化与升华：武术美学强调心灵的净化和升华，武者通过对内心的反思，实现了内心世界的提升。文学作品通过对武者心灵历程的描写，传达出武术美学对心灵境界的升华作用。

空灵与虚无的境界：武者在修炼武术的过程中，往往追求一种空灵、虚无的境界。在文学作品中，艺术家通过描写武者对虚无境界的追求，呈现了一种脱离尘世的宁静之美。武者通过对物我之间界限的打破，实现了一种超越常态的哲学思考。

（四）结合实例的文学表现

以下通过实例来展示艺术家如何通过文学表现武术的美学。

在《霸王别姬》这部小说中，作者通过对武士"霸王"的塑造，展现了他高超的武艺、忠诚的品格和对正义的不懈追求。武士通过自己的力量，守护了家族和朋友，体现了武术美学与道德的深刻关联。

文学作品实例展现了武术的多重美学层面，使读者通过故事中的人物和情节，更加深刻地理解了武术所蕴含的美学价值。

武术不再是单纯的战斗技能，而成为文学创作中丰富多彩的元素，为文学作品注入了丰富的文化内涵。通过对武术美学的呈现，文学作品成为传递文化、伦理观念的媒介，引导读者思考更为深远的问题。

在武术美学的表现中，身体、道德和哲学三者相互交织，形成一个丰富而有机的整体。身体的优雅、道德层面的正直与仁爱、哲学的深沉在文学作品中得以共振。通过对武者的塑造、武术修炼的描写、武者与其他人物的互动，艺术家绘制出了一幅幅武术美学的绚丽画卷。

　　艺术家通过文学作品中的武术美学呈现，不仅在形式上为读者提供了一种美的享受，更在内涵上引导读者深度思考。武术的美学不仅仅是对技术的追求，更是对人性的追问、对伦理的思考、对生命和宇宙的哲学探索。艺术家通过文学的表达，让武术成为一门艺术、一种生活态度，以及一种理解世界的方式。

　　在现代社会，武术美学的表现也为人们提供了一种追求身心平衡的方式。武术并非仅限于武术道场上的技击，更是一种对人生、人性、社会关系等方面进行审视和提升的路径。文学作品通过武者的成长历程，传递给读者对生命、尊严、正义等价值观念的思考，唤起人们对内在美的关注和追求。

　　总体而言，艺术家通过文学作品表现武术的美学，不仅拓展了武术的文化内涵，也为文学创作注入了更为深刻的人文关怀。武术美学在文学中的表现，不仅仅是技术的展示，更是一种对人性、道德和哲学等方面的深刻思考。通过武者的身影，艺术家向读者展示了一种高尚的品格、一种对正义的追求。

第二节　武术与传统节庆、仪式的结合

一、传统节庆中的武术舞蹈表演

　　武术作为中国传统文化的重要组成部分，在传统节庆的舞蹈表演中扮演着举足轻重的角色。这种独特的表演形式不仅展示了精彩的技艺，更传达了丰富的文化内涵和精神价值。

　　首先，在传统节庆的舞蹈表演中武术呈现出独特的艺术特点。武术舞蹈不同于一般的舞蹈形式，它融合了中国传统武术的技巧与节庆仪式的庄重肃穆，形成了别具一格的艺术表达。武术动作的精准、娴熟展现了舞者对武术技艺的完美掌握。

　　其次，武术舞蹈有着悠久的历史。中国武术源远流长，随着时间的推移，武术逐渐演变为一种体育和文化形式，成为中国人民传承的宝贵文化遗产。在古代，武术常常与宗教、祭祀等活动相结合，成为一种向神灵祈福、祈求平安的仪式。这种神圣的氛围在武术舞蹈表演中得以体现，使得观众在欣赏表演的过程中感受到一种超越肉体的精神寄托。

　　最后，武术舞蹈在传统节庆中的表演形式多种多样，常常与传统节庆的主题相契合，形成独特的文化景观。例如，在春节这一重要的传统节日中，武术舞蹈表演常常以狮子舞、舞龙等形式出现。这些表演不仅通过独特的动作设计展现了武术的威武之美，同时也寓意着来年的祥和与繁荣。狮子舞中两人共同扮演一只狮子，通过各种生动有趣的表演形式，传递着对来年丰收的期许。而舞龙则是一种传统的舞蹈形式，多人共同操纵一条长龙，寓意风调雨顺、五谷丰登。这些表演形式通过武术技艺将节庆的主题生动地呈现在观众面前，使得观众在欢庆的氛围中感受到了浓厚的文化底蕴。

值得注意的是，武术舞蹈不仅在传统节庆中扮演着重要的角色，同时也在当代社会中发挥着积极的社会作用。随着社会的发展和人们生活水平的提高，武术舞蹈不再仅仅停留在传统节庆活动中，而是更多地走进了大众生活。许多武术舞蹈作品在当代艺术表演中取得了巨大成功，成为文化产业的一部分。这不仅为武术的传承注入了新的活力，也使得更多人能够感受到武术文化的魅力。

总的来说，传统节庆中的武术舞蹈表演是中国文化的瑰宝，通过其独特的艺术形式展示了传统文化的深厚内涵。这种表演形式不仅在历史上与宗教、祭祀等活动相结合，成为一种神圣的仪式，同时也在当代社会中得到了新的发展和传承。通过武术舞蹈，人们不仅可以欣赏到精彩纷呈的艺术表演，更能够感受到中国传统文化的博大精深。

二、武术与宗教仪式的深度融合

武术与宗教仪式的深度融合在中国传统文化中有着悠久的历史，这一独特的结合体现了武术不仅仅是一种身体技艺，更是一门蕴含哲学、宗教思想的综合艺术。

首先，武术与宗教仪式的融合源远流长。在古代的中国，武术不仅是一种战斗技巧，更是一种修炼身心的方式。道家强调身体的自然，儒家注重"仁、义、礼、智、信"，这些思想在武术实践中找到了共通的表达途径。尤其在道教的"内外合一"思想中，武术成为实现身体与灵魂统一的途径，因此，武术成为许多宗教仪式中的重要元素。

其次，武术在宗教仪式中的表演具有独特的文化内涵。在中国的传统宗教仪式中，武术往往被用来表达对神灵的敬畏。比如，在一些庙会、祭祀活动中，武术演员可能会进行形意拳、太极拳等表演，通过舞动的身姿、精湛的技巧，传达出对神明的崇敬之情。

最后，武术在宗教仪式中的运用常常涉及一些象征性的动作和动作组合。这些动作可能来源于武术套路，通过特定的排列和演练，表达出对某些符号、神祇的崇敬。例如，一些武术套路中的"拜月""礼佛"等动作，是在模仿宗教仪式中的祭拜动作，通过武术的形式表达对神灵的敬意。这种象征性的运用既让武术成为宗教仪式的一部分，也使得武术本身融入宗教仪式的神秘与庄重之中。

值得一提的是，武术与宗教仪式的融合不仅仅局限于道教，在佛教等多种宗教文化中也有所体现。在佛教寺庙，僧侣们常常通过对武术的练习来强化对身体的锻炼和加深对禅宗思想的理解。武术的呼吸法、身法等元素与禅宗的"静坐"有着内在的联系，从而形成了一种身心合一的修炼方式。而在儒家的祭祀仪式中，武术同样扮演着重要的角色，通过表演传统武术套路，强调对家国的忠诚、对先祖的敬仰，体现了儒家的家国情怀。

随着历史的演进，武术与宗教仪式的融合不断发展，形成了多种多样的表演形式。在宗教节庆中，武术表演既是对宗教信仰的一种礼赞，又是对武术技艺的一种展示。在一些寺庙、道观的传统庙会中，武术表演成为吸引游客、传递宗教文化的一种重要手段。武术与宗教仪式的深度融合既体现在宗教文化的传承中，也通过表演艺术的形式影响着社会大众。

然而，随着时代的变迁，武术与宗教仪式的融合在某些地区逐渐减弱，取而代之的是更加商业化和娱乐化的表演形式。一些武术表演逐渐脱离了原有的宗教仪式背景，更多地走向了市场化的舞台，这种现象导致武术在宗教仪式中的传统地位受到一定的冲击。

一方面，现代社会的多元化和开放性为武术提供了更广阔的表现空间。武术作为一种身体艺术，不仅能够在传统的宗教仪式中找到表达方式，同时也能够在现代的影视作品中发扬光大。这种跨足多个领域的表现形式为武术的传播提供了更广泛的途径，使更多的人了解和接触到了这一传统艺术。

另一方面，随着社会的发展和价值观的多元化，一些宗教仪式可能不再是社会生活中的主流，这对武术与宗教仪式的深度融合带来了一定的挑战。一些传统的宗教活动可能在现代社会中变得较为边缘化，这导致与宗教仪式相关的武术表演也面临着传承困境。在这种情况下，如何在继承传统的同时与现代社会相结合，成为武术与宗教仪式融合的新课题。

值得注意的是，一些武术团体和文化机构通过创新和整合资源，致力于将武术与宗教仪式传承下去。这些机构尝试在传统和现代之间建立桥梁，使武术表演在新的社会背景中得以发展。

此外，在国际文化交流日益频繁的大背景下，武术与宗教仪式的结合也成为中华文化在国际上传播的重要途径之一。一些国际性的宗教活动或文化节庆中，武术表演逐渐成为引人注目的亮点，为世界各地的观众展现了中国传统文化的独特之处。这种国际性的传播既有助于推动武术的全球传播，也为中华文化在国际上赢得了更多的认同和关注。

总的来说，武术与宗教仪式的深度融合具有丰富而独特的内涵。通过创新和国际传播，武术与宗教仪式的结合将有望在更广泛的层面上为世人展示中华文化的独特魅力。同时，我们也应当在传承的过程中审慎对待，既保留传统的精髓，又在新的社会语境中找到发展的契机，使得这一独特的文化现象得以继续传承，并为未来的文化交流做出更多贡献。

三、传统仪式对武术形式的影响与塑造

传统仪式对武术形式的影响与塑造是一个涉及悠久历史、文化传承和身体表达的复杂话题。在中国传统文化中，武术不仅仅是一种技击手段，更是一种具有深厚哲学内涵的综合性艺术。

首先，传统仪式对武术形式的影响可以追溯到中国古代的祭祀等仪式。在这些仪式中，武术不仅仅是一种表演手段，更是一种神圣的仪式感的表达。古代的武术表演往往与祭祀等宗教仪式相结合，通过独特的武术动作和形式，传达对神灵、先祖的崇敬之情。这种仪式性的表演形式，使得武术不再仅仅是实战技艺，更成为一种文化的象征。

其次，传统仪式对武术的影响在技术和形式上也表现得淋漓尽致。在一些传统节庆中，武术表演往往以太极拳、形意拳、八卦掌等传统武术套路表演为主，这些套路融合了许多仪式性的动作，如礼拜、跪拜、双手合十等，使得整个表演在形式上更加庄重、肃穆。这些动作不仅仅是技术的展示，更是对仪式感的一种体现。通过这些仪式性的动作，武术在形式上逐渐演变成了一种更为庄重、有仪式感的艺术。

最后，武术的传承与发展也与宗教仪式的需要相结合，形成了一些具有宗教色彩的武术形式。一些寺庙中的僧侣可能会通过武术的修炼来提高身体素质，以更好地完成寺庙的宗教仪式。在这个过程中，武术的动作和技巧逐渐与宗教的仪式动作相结合，形成了一种独特的武术形式，既保留了武术的本质，又兼顾了宗教仪式的需要。

仪式性的表演不仅影响了武术的动作形式，也在武术的传承中催生了一些独特的教育方法。在古代，武术的传承往往是通过师徒制度，而仪式性的武术表演也是一种传承的手段。师父会通过表演一些具有仪式感的武术动作，传达武术的

内涵和哲学思想，强调武术不仅仅是一门技术，更是一种精神的追求。通过这种方式，武术的传承变得更为深刻和有意义。

然而，随着社会的变迁和文化的多元化，传统仪式对武术形式的影响也面临一些挑战。

一方面，人们的生活方式和价值观念发生了变化，一些传统仪式的重要性相对减弱，导致武术在这方面的应用受到影响。

另一方面，武术的商业化和娱乐化趋势也给传统仪式带来了一定的压力。一些武术表演更倾向于迎合市场需求，强调视觉效果和娱乐性，而较少关注传统仪式的庄重性。这可能导致一些武术形式的变革，以适应当代观众对于表演的新需求。然而，这也导致了人们对于武术是否保持本真的担忧，即武术是否失去了传统文化的深度和纯粹性。

在这一背景下，一些武术团体和文化机构致力于在传统仪式和现代社会之间找到平衡点，推动武术的发展和传承。通过创新和整合资源，一些武术团体试图在现代社会中找到新的表达方式，同时保留传统仪式的精髓。例如，一些武术表演团队可能通过融入现代舞台艺术、音乐元素，创造出更具有当代感的武术形式，以吸引年轻观众，同时保持传统文化的内涵。

此外，国际文化交流也为传统仪式与武术形式的对外交流提供了新的机遇。在国际舞台上，中国传统文化受到了人们的广泛关注，武术表演也成为中国文化的重要代表之一。通过国际性的文化交流，传统仪式与武术形式得以传播到世界各地，使中华文化在国际上赢得了更多的认同和关注。

总的来说，传统仪式对武术形式的影响与塑造是一个复杂而深刻的过程。在中国传统文化中，武术作为一种融合了宗教、哲学、文学等多元要素的艺术，与传统仪式的结合为其赋予了丰富的内涵。然而，随着社会的发展和文化的变迁，武术形式也面临新的挑战和发展机遇。在这一过程中，我们需要更好地平衡传统仪式的传承与现代社会的需求，通过创新和国际交流，推动武术在当代社会中的发展，使其既能传承传统文化，又能适应现代社会的多元需求。

第三节　武术与影视作品的关系

一、武术在影视作品中的表现形式

武术在影视作品中的表现形式是一个极具深度和多样性的话题。从武侠片到动作片，武术在电影中的表现形式千变万化，既可以展现高超的武术技巧，又可以通过动作设计来推动情节发展。下面将深入探讨武术在影视作品中的表现形式，以揭示武术是如何成为电影语言中的独特表达方式，并为影片带来视觉、情感的双重冲击的。

首先，动作设计是武术在影视作品中最为引人注目的一面。导演通过巧妙的动作设计，既展现出了演员们高超的武术技能，同时又将武术动作融入电影的叙事中。例如，经典的剧情片《霸王别姬》中，导演陈凯歌通过对武打场面的精心设计，使得影片中的武术动作不仅是一种技术的展示，更是情感和剧情的表达。这种动作设计既需要演员有出色的武术功底，又需要导演对场面精准把控，使得整个动作场面既震撼、刺激，又能服务于电影的整体叙事。

其次，武术在影视作品中的表现形式也涉及叙事结构的构建。武术场面往往是电影情节的高潮部分，导演需要通过巧妙的叙事手法将武术动作与剧情有机地融合在一起。在武侠片中，武术场面往往是表达主题、推动情节的一种方式。例如，在《卧虎藏龙》中，导演李安通过对武术场面的设定，使得武术成为表达人物情感、展现人物内心挣扎的一种方式，使得武术场面不仅是一场视觉盛宴，更是推动剧情发展的关键因素。

武术动作的表现形式还体现在对影片氛围的营造上。武术动作场面常常伴随着激烈的音乐、独特的摄影和灯光效果，营造出一种紧张刺激的氛围。这种氛围的营造不仅让观众感受到武术场面的紧张和激烈，同时也为影片增添了一种独特的艺术氛围。例如，在动作片《速度与激情》系列中，导演通过对汽车追逐和武打场面的紧凑剪辑，再加上音效的运用，使得整个影片充满了紧张刺激的气氛，将观众带到一个充满刺激的世界。

武术动作的表现形式还表现在对角色的刻画上。在一些功夫片中，主人公往往通过高超的武术技能来展示其个性和能力。导演通过武术动作的设计，能够凸显主人公英勇、豪迈或者沉稳、冷静等不同的性格特点。例如，《英雄》中的李连杰通过对武术动作的表演，展现出了其所扮演角色的英雄气概和豪迈情怀。这种通过武术动作刻画角色的手法，使得角色更加丰满和立体，为观众呈现出更为深刻的人物形象。

在现代影视作品中，武术的表现形式也在不断创新和发展。一些导演通过引入新的武术流派、结合现代特效技术等手段，使得武术动作在影片中呈现出更为惊险刺激的效果。例如，在好莱坞电影《卧底巨星》中，导演通过结合武术和极限特技，打造了一系列令人眼花缭乱的动作场面，既满足了观众对于武术表演的期待，又注入了更多的创新元素。

同时，武术在影视作品中的表现形式也需要考虑文化传承和表达的问题。一些影片通过对传统武术文化的挖掘和展示，使得武术不仅仅是一种技术，更是一种文化的传承。例如，《少林寺》系列影片通过对少林武术的深度挖掘，展示了中国武术的独特魅力，使得观众更加深入地了解了中国传统武术文化。

总体来说，武术在影视作品中的表现形式是综合性的。通过巧妙的动作设计、角色刻画等，武术不仅成为电影中的视觉盛宴，更是推动故事发展和深化角色情感的有力工具。导演在运用武术的过程中，有几个关键的方面需要深入思考和把握。

首先，动作设计要符合影片的整体风格和故事需求。不同类型的影片可能对武术动作有着不同的要求。武侠片强调武术的美感和艺术性，可能更注重动作的舞蹈感和戏剧性；而现代动作片则可能更侧重于动作的紧凑感和真实性。导演需要根据影片的主题和氛围来设计武术动作，使其更好地融入故事情境，为影片服务。

其次，武术动作的表现形式要符合演员的特点和技能。不同的演员在武术方面有着不同的专长和特色，导演需要善于挖掘演员的个人特点，根据其技能和形象来设计武术动作。这样不仅能够发挥演员的潜力，也能够让武术动作更贴合角色，更具说服力。

再次，导演还要考虑到镜头语言的运用。镜头的运动、剪辑的速度等都会影响武术场面的呈现效果。导演需要善于利用镜头语言来突出关键的武术动作，通过对镜头语言的处理来强化动作的美感和戏剧效果。同时，导演还需要考虑到观众的观感体验，通过合理的镜头设置和剪辑手法来吸引观众的注意力，使武术场面更加引人入胜。

在故事情节的处理上，武术动作的表现形式也需要与整体叙事结构相协调。

武术场面不应该只是为了炫技而存在，而是要服务于故事的发展。导演需要巧妙地安排武术场面的出现时机，使其成为推动情节发展的关键节点。例如，在一些动作片中，武术场面往往出现在故事的高潮部分，通过高强度的武打动作来营造紧张激烈的氛围，使观众快速投入影片的情节中。

最后，武术动作的表现形式还需要有利于文化的传承和表达。在一些影片中，导演通过对武术场面的设计来展现特定文化的独特魅力，使观众更好地了解和感受不同文化的底蕴。这种传承文化的表现形式有助于丰富影片的内涵，使其不仅仅是一场动作的展示，更是对于传统文化的一种表达。

综合而言，武术在影视作品中的表现形式是一个充满创意和挑战的领域。导演需要在动作设计、叙事结构、角色刻画等方面谋求平衡，使得武术不仅仅是影片的一个亮点，更是整体故事的有机组成部分。通过巧妙设计武术的表现形式，电影能够以更为引人入胜的方式展现出武术的魅力，同时为观众带来更为深刻和丰富的影片体验。

二、影视作品对武术流派发展的影响

影视作品在推动武术流派发展方面发挥着重要作用。通过电影、电视剧等，武术流派影响着观众对武术的认知与理解。下面将深入探讨影视作品对武术流派发展的影响。

（一）宏观层面

1. 影视作品对武术流派特色的展示

影视作品有利于对武术流派的宣传与推广。通过影视作品，观众可以直观地感受到不同武术流派的精髓，并对其产生浓厚的兴趣。武术明星如李小龙、甄子丹等在电影作品中扮演的角色，将儒释道的武术理念与实际技艺相结合，成为武术流派的代表性人物。观众在欣赏电影的同时，对其中的武术流派也产生了浓厚的兴趣，从而引发对武术的学习与深入了解。

影视作品通过展示流派的独特特色，推动了武术流派的发展。在影片中，武术流派的独特技艺、招式、套路等被生动地呈现，观众能够更加深刻地理解各个流派的独特之处。例如，在《少林寺》系列电影中，通过对少林武术的展示，观众对少林武术的独特风格有了更为直观的认识。这种展示不仅使观众更好地了解了各个武术流派，也促进了流派内部技艺的传承与发展。

2. 影视作品中武术与其他艺术形式的融合

一些影视作品也将武术与其他艺术形式融合，如音乐、舞蹈等，为武术流派的发展提供了新的方向。这种融合不仅让武术更具观赏性，也为流派的传承注入了新的活力。例如，在《功夫》中，导演周星驰通过武术与喜剧的结合，为观众呈现了一场独特而具有趣味性的武术表演，拓展了武术在影视作品中的表现形式。

随着中国影视作品在国际市场上的不断推广，国际观众对中国武术的兴趣逐渐浓厚。影视作品通过展示不同流派的技艺、文化内涵，成为国际观众了解中国武术的窗口。例如，《卧虎藏龙》在国际上取得了巨大成功，为国际观众呈现了中国武术的独特魅力，使更多人对中国武术产生了浓厚的兴趣。

然而，需要注意的是，影视作品对武术流派的传承也可能存在一些负面影响。有时，为了迎合市场需求和提升影片的商业价值，影视作品可能会夸大或歪曲武术流派的特色，甚至表现出不符合实际的场面。这种情况可能导致观众对武术的误解，甚至产生不切实际的期待。因此，在推动武术流派传承的同时，导演和制片方也应该具有责任心，确保对武术的呈现真实可信。

总体而言，影视作品对武术流派的发展具有深远的影响。

（二）微观层面

1. 弘扬传统武术文化

影视作品往往通过对武术场景的设计和表演，将传统武术文化融入故事情节中。这有助于传承和弘扬中国传统武术的价值观念、道德观念。例如，一些武侠片中经常通过对师徒关系、忍耐、谦虚、正义等主题的处理，弘扬传统武术文化中的价值观。

2. 促进传统武术文化的全球传播

随着中国影视产业的崛起，越来越多的武术元素进入国际市场，为全球观众展现了中国武术的独特魅力。一些优秀的武术影视作品成为中国文化的重要代表，我们应通过各种媒体形式，让国际观众更多地了解和认知中国武术流派，促进文化交流。

3. 流派的新发展

一些影视作品在武术动作设计方面进行创新，结合现代特效、音乐等元素，为传统武术注入了新的时代元素。这有助于推动武术流派的新发展，使其更符合当代观众的审美和需求。例如，电影《英雄》中的创新性动作设计，不仅展示了传统武术的精湛技艺，同时也通过现代的表达手法使之更具观赏性。

4. 激发观众的学习兴趣

影视作品中对武术动作的生动展现，往往能够激发观众对武术的学习兴趣。观众对影片中看到的武术场景，可能会产生一种向往和追求，从而激发对武术的学习欲望。这对于武术流派的传承和发展有积极的影响。

5. 培养武术明星

一些武术影片中的主演凭借精湛的武术表演和出色的演技成为武术明星，为其角色所代表的武术流派赢得了更多的关注。这些武术明星的出现不仅推动了武术影视作品的发展，也为武术流派的传播提供了有力的支持。

6. 提高流派的认知度

影视作品往往是大众了解武术流派的主要途径之一。通过在电影中展示流派的独特技艺和特色，可以提高流派在观众心中的认知度。这种认知度的提升有助于提高流派在社会中的地位。

7. 武术产业的繁荣

优秀的武术影视作品的成功还能够带动武术产业的繁荣。由于观众对武术的学习热情高涨，与武术相关的培训、比赛、演出等活动都会得到更多的关注和支持，从而促进武术产业的不断发展。

8. 拓展武术在不同领域的应用

一些影视作品通过对武术场景的创新设计，拓展了武术在不同领域的应用。例如，一些武术场景可能融入科幻等元素，使武术不仅是传统的实战技能，还可以成为虚构世界中的超凡能力。这种拓展有助于让观众更好地理解武术的多样性，同时也促使武术在更广泛的文化领域中发挥作用。

9. 激发武术研究与创新

一些影视作品在武术场景的呈现中融入了创新的武术动作和技巧。这不仅为观众带来了新鲜感，同时也激发了武术从业者对于技能创新的兴趣。对于武术研究者而言，影视作品提供了一个展示新颖武术元素的平台，为武术的技术研究和创新提供了灵感。

10. 挖掘地方武术文化

一些地方性武术流派在影视作品中得到展示，使得这些地方性的武术文化被更广泛地认知。这对于推动地方武术的传承与发展具有积极意义，同时也促使观众更加关注和尊重各个地方性的武术传统。

11. 弘扬武术伦理与道德观

一些影视作品在展示武术时，不仅注重对技术动作的展示，更着力表现武术的伦理、道德观念。通过塑造具有正直、勇敢、宽容等品质的武术高手形象，影视作品传递了积极的价值观，这有助于塑造社会对武术的正确认知。

12. 推动武术旅游

一些以武术为主题的影视作品，通过对武术名山、名寺等地的拍摄，为当地武术文化旅游提供了有力的宣传。这有助于吸引更多游客前来参观、学习，进而推动武术旅游的繁荣。

虽然影视作品对武术流派的发展有诸多积极作用，但同时也有一些需要注意的问题。片面夸大、曲解武术的现象可能会导致观众对武术的不实理解，因此制片方需要在创作过程中更加负责任，尊重武术的本质与传统。

总体而言，影视作品对武术流派的发展有着深远的影响。通过在大荧幕上展现武术的精湛技艺及其丰富的文化内涵，影视作品为武术在全球范围内树立了更加鲜活、多元的形象。这一互动关系不仅推动了武术流派的传承与发展，也促使影视作品更加注重对武术的真实表达。通过影视作品，武术的魅力在不断闪烁，为文化传承、体育发展和国际交流注入了独特的活力。

第四节 武术与绘画的交融

一、武术在绘画中的表达形式

武术作为一种传统的身体技艺，不仅在实际运用和传统节庆中发挥着重要作用，同时也在绘画中找到了一种独特的表达形式。武术的动作、气势和哲学思想被艺术家们融入绘画中，创造出了丰富多彩的武术主题绘画作品。这些作品不仅展现了武术的精髓，还通过绘画的语言呈现了武术与文化、哲学的交融。下面将深入研究武术在绘画中的表达形式，探讨艺术家如何通过画笔展示武术的力量、美感和哲学思想。

（一）武术动作的艺术再现

武术的独特之处在于其精妙的动作，这些动作蕴含了力量、灵活性和美感。艺术家通过绘画，可以将武术动作凝固在画布上，形成令人惊叹的艺术作品。这种表达方式既是对武术运动的艺术再现，也是对武术技艺的一种赞美。武术动作在画面中的变化以及流畅的线条，能够使观众感受到武术的独特之美。

在中国传统绘画中，武术动作常常出现在山水画或人物画中。武术家的身姿和动作往往与山水、自然元素相融合，形成一种高度的艺术统一。这种表达方式既传递了武术与自然的和谐关系，又展现了武者在自然环境中运用武术的美感。

（二）如诗如画的武术场面

武术不仅是一种技巧，更代表着一种气势。在绘画中，艺术家们通过构图、色彩和光影的运用，将武术场面呈现得如诗如画。武术的气势可以通过画布上的画面来传递，使观众感受到一种强烈的视觉冲击。

绘画中的武术场景可能包括对决、拳谱演练等。通过对武者身姿、表情和周围环境的描绘，艺术家们在画面中创造出了独特的氛围。这种氛围的呈现不仅突显了武术运动的精妙之处，也使绘画作品更具观赏性。

（三）武术哲学的抽象表达

武术不仅仅是一种身体技艺，更包含着深刻的哲学思想。武术强调内外兼修、柔中带刚的原则，这些哲学理念可以通过绘画得以抽象表达。艺术家们通过对形、神、意的描绘，以及对动静结合、刚柔并济原则的运用，传达武术哲学的内在精神。

在一些抽象绘画中，艺术家可能通过简练的线条、符号性的图案来表达武术的哲学思想。这种抽象表达不仅需要观众深入思考和感悟，同时也为武术赋予了一层更为深刻的文化内涵。

（四）历史事件的独特呈现

通过绘画，艺术家们可以借助武术将历史事件以图像的形式呈现。武术源远流长，有着悠久的历史，其中蕴含着丰富的文化元素。在历史题材的绘画作品中，武术可以成为表达历史事件和人物性情的有力工具。

例如，通过描绘古代武术名家、传统武术流派的创始人，艺术家们可以还原历史场景，展示武术的传承与演变。这种绘画方式不仅是对武术文化的致敬，也为观众提供了了解历史事件的窗口。

（五）武术与艺术元素的融合

在一些现代绘画中，武术与艺术元素被融合得更加紧密。艺术家可能通过对武者服饰、器械的设计，以及对武术场景的艺术构建，创造出独特的艺术作品。这种融合既能够传递武术的技术美感，又使绘画作品呈现出一种独特的创意和个性。

（六）武术哲学的象征符号

武术中的一些哲学概念，如阴阳、动静、刚柔等，常常被艺术家们转化为象征性的符号融入绘画中。这些符号既具有一定的抽象性，又能够表达武术的深刻思想。通过对这些象征性符号的运用，艺术家们创造出了更为丰富的武术主题作品。

（七）武术与自然的融合

武术强调与自然的和谐共处，这一理念常常通过绘画被呈现出来。武者的身姿可能与自然元素相融合，如与风、水、山等形成一种有机的整体。这种融合不仅体现了武者对自然的敬畏，也表达了武术与自然共生共荣的理念。

（八）武术场景的意境营造

艺术家通过对武术场景的艺术处理，可以创造出独特的意境。武者的动作、眼神、气息都可以通过绘画来表达，使得观众能够感受到一种独特的情感和氛围。这种意境的营造不仅能够增强作品的艺术性，也为观众提供了更为深刻的审美体验。

（九）武术色彩的运用

色彩在绘画中有着极其重要的作用，而武术的特殊性质也可以通过色彩的运用加以凸显。例如，武术场景中可能运用大胆的红色、黑色等，以突显力量感和紧张感。同时，柔和的自然色调也可以用来表达武术的柔和、内敛的一面。艺术家通过对色彩的精准运用，使武术的特质在画布上得以生动呈现。

（十）武术器械的艺术造型

武术中的器械，如刀、枪、剑等，常常被艺术家们用来打造具有艺术感的形象。这些器械的线条、形状、纹理等都可以成为绘画的重要元素，艺术家的巧妙构图，可以使这些器械呈现出一种独特的美感。

（十一）武术与人物塑造的结合

绘画中的武术主题往往与人物塑造相结合，通过武者的表情、神情、服饰等来展现武术的独特魅力。武者可能呈现出坚毅、柔和、冷静等不同的特质，这些特质既是对武术技能的呈现，也是对武者个性的刻画。

总体而言，武术在绘画中的表达形式是一个富有创意和深度的领域。通过对武术动作、气势、哲学思想的巧妙表达，艺术家们创造出了丰富多彩、富有内涵的武术主题作品。这种表达形式不仅为武术注入了新的艺术生命，也为绘画领域带来了独特的表现方式。通过绘画，武术的美感和哲学思想得以在画布上永久呈现，为观众提供了一种全新的感知武术的方式。

二、艺术作品中的武术元素对观众的艺术享受产生的影响

在艺术作品中融入武术元素是一种独特而引人注目的表达方式。这种结合不仅能够给观众带来审美体验，还为艺术作品注入了力量感、动感和文化内涵。在艺术作品中感受到武术元素的观众，其艺术享受常常更为丰富和深刻。

（一）情感共鸣与身临其境的感觉

在艺术作品中融入武术元素，尤其是武术动作、场景等，往往能够引发观众的情感共鸣，这些情感共鸣使观众仿佛身临其境，与艺术作品中的武者一同感受武术的魅力。

例如，一幅绘画作品中展现了武者在决斗时的高难度动作，观众可能会因为动作的激烈而感到紧张。这种情感共鸣使观众更加投入，提高了其艺术享受的深度。

（二）艺术形式的创新

武术元素的融入为观众带来了新的审美体验。武术动作的流畅、身体的优美姿态等，都为艺术作品注入了独特的美感。观众能在艺术作品中找到一种新颖的艺术形式，这种形式不仅拓展了观众的审美领域，也为艺术创作者提供了更多的表达可能性。

艺术作品中的武术元素可以通过绘画、雕塑、摄影等多种媒介来呈现。例如，在雕塑作品中，武者的动作被凝固在石膏或金属中，形成一种静态的美感；而在摄影作品中，通过捕捉武术动作的瞬间，可以展现出一种动感十足的画面。这些艺术形式的创新给观众带来了更为丰富的视觉体验。

（三）文化传递与身份认同感

在艺术作品中融入武术元素往往也具有文化传递的功能。观众在欣赏这样的作品时，可能会对武术的历史和文化背景产生兴趣，从而加深对传统文化的认识。同时，这也可以引发观众的身份认同感。特定文化背景的观众可能会因为作品中融入了熟悉的武术元素而感到亲切，从而建立起一种情感联系。这种文化传递与身份认同感的结合，为观众带来了更加全面的艺术体验。

第五节　武术与中国哲学、道德观念的一体化

一、武术与儒、道、佛文化

武术作为一种传统的身体技艺，在儒、道、佛哲学体系中扮演着独特而重要的角色。儒、道、佛哲学是中国传统文化中的三大主要哲学体系，这三者共同构成了中国文化的深厚底蕴，而武术在这些哲学体系中既是实践性的技艺，又是一种融合了哲学思想的文化表现形式。

（一）儒家思想与武术的和谐共生

儒家思想以仁、义、礼、智、信为核心价值观，注重个体品德的培养。其在武术实践中，强调的正是武德，即武士应该具备的道德品质。武术作为一种身体技艺，通过严格的修炼和规范，培养武者的道德品质，使其具备仁爱之心、正直之志，是对儒家思想中仁、义、礼、智、信的具体实践。

武术修炼过程中所培养的品质，如坚毅、诚实、顽强等，与儒家思想中的美德理念相契合。通过武术锻炼，武者能够更好地理解儒家所强调的仁爱与正直，将武术不仅仅视为技艺，更看作一种身心修炼的方式。

儒家思想强调个体与社会、家庭、国家之间的关系，强调家国情怀。在这一背景下，武士将武术视为保家卫国的重要手段。武术的实践使武者具备了保家卫国的能力，同时也使其对社会、家庭有了更强的责任感。

武术的技能培养着重于实用性，强调的是面对危险时的应变能力。这与儒家思想中追求实用的教育理念一致。武者通过对武术的修炼，既能够在家庭中保护亲人的人身安全，又能够在国家中承担防卫职责。

（二）道家思想与武术的和谐共生

道家思想注重"道法自然"，提倡顺应自然，追求自然之道。武术动作的设计和表演往往体现了自然流畅的美感，强调身体与自然的和谐统一。武者在修炼过程中，通过模仿自然界中的动物、植物的姿态，使武术动作更加具备生命力和自然之美。

武术的修炼要求身体具备较高的灵活性。这与道家追求身心的自然、不违背自然规律的观念相契合。通过对武术的修炼，武者能够更好地理解自然的力量，实现身心的和谐统一。

道家思想强调"无为而治"，即通过顺应自然、不违背自然规律来达到治理的目的。武术的实践也强调身体的自然状态，要求武者的动作保持空灵虚无。这种境界不是空洞无物，而是在不费力气、不违背身体自然状态的情况下达到技艺的最高境界。

武者在修炼过程中，通过对身体力量的自然引导，达到动作的自然流畅和身体的轻盈自如。这与道家"无为而治"的理念相契合。

（三）佛家思想与武术的和谐共生

1. 慈悲心的培养

佛家思想强调慈悲心、舍己利他，追求心灵的净化和升华。武者在武术修炼中，除了身体的锻炼外，内心境界的提升同样占据着重要位置。慈悲心的培养使得武者在实战中不仅关注自身的安全，更注重对敌手的尊重和保护。这体现了武术不仅是一种技击手段，更是一种对生命的尊重和对和平的追求。

2. 禅定与心态

禅宗强调禅定，即通过冥想和集中注意力的方式达到心灵的平静与宁静。在武术修炼中，特别是在实战中，武者常常需要保持高度的专注力和冷静的心态。这种专注的状态与禅定的思想相呼应，使得武者在极限状态下依然能够保持冷静的状态。这与佛家思想追求心灵平静的境界相契合。

（四）结合实例分析

1. 形意拳

形意拳是一种中国传统武术，它的动作设计中融入了儒、道、佛的哲学思想。形意拳注重动作的力度和意境，既强调武术技艺的高超，又包含了儒家、道家以及佛家的哲学思想。形意拳的动作既包含如大地般稳重的儒家风格，又包含如流水般灵动的道家风格，同时又包含了佛家对心灵净化的追求，形成一种融合了多重哲学思想的武术形式。

2. 太极拳

太极拳是一种源于道家哲学的武术，强调阴阳平衡。太极拳的招式中融入了"以柔克刚"的思想，强调动作要顺应自然，以最小的力量达到最优的效果。在太极拳的练习过程中，武者要追求身心的和谐，追求动作的流畅自然，体现道家思想中的"道法自然"理念。

（五）中国传统哲学对武者个体及社会的影响

1. 武者个体层面

在武者个体层面，武术在儒、道、佛哲学的影响下，不仅仅是一种技击的手段，更是一种修身养性的途径。通过武术修炼，个体能够培养出慈悲舍己的品质，实现身体和心灵的和谐统一。武者的修炼过程不仅锻炼了身体，也提升了个体的道德境界和心灵境界。

2. 社会层面

在社会层面，武者在儒、道、佛哲学的影响下，具有了强烈的社会责任感和家国情怀。武者在实践中不仅是技艺的传承者，更是社会的守护者。他们通过武术修炼，培养了责任心、团队协作意识，为社会的和谐与稳定做出了积极贡献。

武术也在社会中发挥了文化传承的作用。武者通过对儒、道、佛哲学的理解，将这些思想融入武术实践中，使得武术不仅仅是一种体育运动，更是一种对中国传统文化的传承和表达。武术的表演、比赛等活动成为社会文化的一部分，为社会公众提供了多元的文化体验。

（六）挑战与展望

1. 文化解读的多元性

儒、道、佛哲学是中国传统文化中的三大支柱，但在不同历史时期和地域背景下，对这些哲学思想的解读可能存在差异。武术作为体现这些哲学思想的一种形式，也可能受到不同文化解读的影响。因此，在融合儒、道、佛哲学的过程中，需要考虑到文化的多元性，以确保武术能够更好地传递文化内涵。

2. 与现代社会价值观的契合

随着社会的不断变迁，儒、道、佛哲学在当今社会的传承可能面临一些挑战。武术作为传统文化的一部分，需要适应现代社会的需求，使得其所传达的哲学思想与现代社会价值观相契合。这涉及对武术传统的创新，以保持其在现代社会中的生命力。

在现代科技不断发展的背景下，武术作为一门传统技艺，需要与现代科技和谐共处。虚拟现实、人工智能等技术的应用可能为武术的传承和发展提供新的途径，但同时也需要注意保护武术的核心价值和文化特色。

武术不仅仅是一种传统技艺，更是一种体现哲学思想、文化内涵的身体语言。在儒家思想的指导下，武者重视仁、义、礼、智、信；在道家思想的熏陶下，武者强调身体与自然的和谐；在佛家思想的影响下，武者追求心灵的净化。这些哲学思想赋予了武术更深层次的内涵，使其不仅仅是一种技艺，更是一种生活方式、一种对人生和社会的思考。

通过武术，人们能够感受到儒、道、佛哲学对身体、心灵和社会的综合关照，进而使这些哲学思想得以在当代社会中焕发新的生命力。未来，武术有望在儒、道、佛哲学的指引下，继续为人们提供修身养性的途径，为社会和文化的发展注入新的动力。

二、武术对道德观念的传承与践行

武术作为一种传统的身体技艺，不仅仅是对一门技能的传承与发展，更是一种承载着深厚道德观念的文化遗产。在武术的修炼过程中，武者通过身体力行，培养品德，弘扬正气，体现出了诸多道德观念。

（一）武德的培养与传承

武德是武术文化中的重要概念，强调武者应该具备高尚的品质。武德的核心在于对道德的恪守，即将武术不仅仅视为一种技能，更作为一种对社会和他人负责的方式。在武术修炼的过程中，武者不仅应注重技术的提高，更应关注自己的品德修养。

1. 仁爱之心

仁爱是儒家思想的核心价值观之一，而在武术的实践中，武者常常通过培养仁爱之心，对他人表示关爱和尊重。在武术场上，武者与对手进行搏斗，但这并不意味着对手是敌人，而是一种战技的交流。武者在比赛中，对手的每一个动作都是对自己技术的挑战，是一次对自身修炼水平的考验。因此，武者需要对对手怀有仁爱之心，不仅尊重对手，更要遵守武术的规则。

2. 正直之志

武德强调的不仅仅是对手之间的尊重，更包括对正直之志的追求。武者在修炼中需要树立正确的人生观和价值观，追求正直、坚定的内心。这种正直之志不仅要在武术场上有所体现，更要在日常生活中加以践行。武者通过对正直之志的追求，不仅在自身道德观念上得到了提升，同时也为他人树立了榜样。

（二）道德观念的践行

武术的修炼是一个需要长期坚持的过程，而其中所培养的坚毅的品质，正是对道德观念的一种具体践行。在武术的训练中，武者面临着身体的疼痛、技术的挑战，只有具备强大的内心才能克服困难。

1. 出色的忍耐力

武者在技术训练和实战中需要具备出色的忍耐力。技术的精湛离不开长时间的训练和磨炼，武者需要有耐心地去反复揣摩每一个动作的细节。同时，在比赛中，武者可能会面对强大的对手，这时需要武者保持冷静、沉着，有时甚至需要武者在忍受疼痛的情况下坚持战斗。这种忍耐力的培养有助于武者更好地理解和践行武德。

2. 坚毅的决心

武者在修炼过程中需要培养坚毅的决心，面对困难不畏惧、不轻言放弃。在实战中，武者可能会遭遇对手的猛烈攻击，而坚毅的决心使得武者能够在逆境中迎难而上。这种决心也在武者的生活中有所体现，对个人目标的追求、对社会责任的承担，均离不开坚毅的决心。

3. 困境中的成长

武者在修炼过程中所面临的困境和挑战，成为他们道德观念的锤炼石。通过克服种种困难，武者能够培养出顽强的意志力。困境中的成长不仅仅是对武者身体素质的锻炼，更是对内心品格的提升。武者通过经历种种考验，塑造了不畏困难、勇往直前的人生态度，也是对道德观念的积极践行。

（三）社会责任与义务

武者在修炼武术的同时，往往也肩负着社会责任和义务。这体现在传统文化的传承、社会责任感的培养、对他人的关爱与帮助中。

1. 传统文化的传承

武术作为中国传统文化的重要组成部分，武者有义务将其传承下去。在对武术的修炼中，武者不断接受传统文化的熏陶。武者传承了古老的武术精神，使其在当代得以发扬光大，为传统文化的传承尽了一份力。

2. 社会责任感的培养

武者往往被认为是社会的守护者，他们通过武术修炼不仅提升了自身的技能，更培养了对社会的责任感。历史上，战争时期，武者承担着保家卫国的使命；在和平年代，武者也可以通过传授武术、参与社会公益等方式为社会贡献自己的力量。社会责任的承担和义务的履行，使得武者在成为身体强健的个体的同时，也成为社会公民的典范。

3. 对他人的关爱与帮助

武者修炼武术的过程，不仅仅是单纯个体的修炼，更是一个共同体的形成。在武术团队的合作和师徒制度中，武者与师父之间形成了深厚的师徒情谊。这种情感纽带，使得武者之间不仅仅是战友，更是像家人一般。这种互相关爱和互帮互助的精神不仅体现在武者内部，也常常延伸到社会中，使得武者成为社会中乐于助人的力量。

（四）道德观念的具体表现

1. 尊重生命

武者通过对武术的修炼，不仅对自己的生命有了更深的体会，同时也培养了对生命的尊重之情。在武术场上，尽管是激烈的对抗，武者也始终保持对对手生命的尊重。这种尊重生命的观念不仅在实战中有所体现，更在武者的日常生活中得以具体践行。武者通过对生命的尊重，体现了一种崇高的人道主义精神。

2. 公平与正义

武术在实战中注重公平竞技，对于不正当手段予以排斥。武者在比赛中需要遵守规则，对手之间要维持公平的竞技环境。这种强调公平与正义的观念也延伸到武者的生活中，使得他们在社会中更加注重公平和正义，成为维护社会正义的力量。

3. 自律与修身

武者在武术修炼中注重自律，要求自己严守纪律，保持良好的行为操守。这种自律的观念不仅在武者的技术训练中有所体现，在他们的日常生活中也得以贯彻。武者通过自律，不仅提高了自身品质，更成为社会中的榜样，推动社会更好地发展。

（五）挑战与展望

1. 道德观念的多元性

不同流派的武术可能受到不同的道德观念和文化背景的影响，存在一定的多元性。因此，在武术的传承和发展中，需要尊重不同流派的特点，保持对多元文化的包容。

2. 现代价值观的融入

随着社会的发展，武术的道德观念需要不断融入现代社会的价值体系中。这包括对性别平等、多元文化、社会公正等现代价值观的关注。武术作为传统文化的代表，需要适应社会的发展变化，使得其道德观念更加符合当代社会的需求。

3. 武术与教育的深度结合

武术的道德观念在教育中有着深厚的潜力。将武术纳入学校课程，通过武德教育提升学生的品德修养，有助于其形成积极向上的人生观。同时，将武术的道德观念与其他学科结合，形成更为综合的人才培养体系，能为学生提供更为全面的教育。

武术作为一种古老而深厚的文化传统，不仅是对一门技艺的传承，更是对一种道德观念的践行。武者通过对武术的修炼，培养了仁爱之心、正直之志等，形成了独特的武术文化。这种文化不仅在武者个体的品质上得以体现，更在社会中产生了深远的影响。武术的道德观念成为社会的正义力量，为社会的发展做出了积极贡献。随着社会的发展，武术的道德观念需要不断与时俱进，与现代社会价值观相融合，为服务社会和个体发展做出新的贡献。

第六节　武术与中国传统医学

中国武术与中国传统医学，特别是中医和气功，有着深厚的历史渊源和内在联系。这种联系主要体现在以下几个方面。

一、理论基础

（一）阴阳五行理论及气的观念

中国武术和中国传统医学都深受道家思想的影响，尤其是阴阳五行理论和气的观念。

1. 阴阳五行理论

在武术中，阴阳五行理论被用来指导攻防技巧和调整身体运动的节奏。在中医中，阴阳五行理论被用来解释人体的生理功能和疾病的发生。

2. 气的观念

在武术中，气的观念被用来指导呼吸和内力的运用。在中医中，气的观念被用来指导治疗方法和药物的选择。这种理论基础的共享，使武术和中医能够在理论上相互印证，形成了一种独特的文化现象。

（二）阴阳五行理论及气的观念在武术和中医中的应用

1. 阴阳五行理论在武术和中医中的应用

（1）阴阳五行理论在武术中的应用

阴阳对立统一的思想指导了武术的攻防技巧。例如，进攻时以阳刚为主，防守时以阴柔为主。五行生克制化的思想指导了武术的身体运动节奏。例如，金主收敛，木主生长，水主流动，火主爆发，土主稳定。

（2）阴阳五行理论在中医中的应用

阴阳对立统一的思想指导了中医对人体的认识。例如，人体有阴阳两气，阴阳平衡则健康，阴阳失衡则生病。五行生克制化的思想指导了中医对疾病的认识和治疗。例如，五行相生相克，可以用来解释疾病的发生和发展，也可以用来指导药物的选择和治疗方法的制定。

2. 气的观念在武术和中医中的应用

（1）气的观念在武术中的应用

气是武术内功修炼的核心。武术家通过呼吸吐纳、导引运气等方法，可以增强体内的气，并将其用于攻防。

（2）气的观念在中医中的应用

气是中医理论的核心概念之一。中医认为，气是人体生命活动的根本，也是疾病发生的根源。中医通过针灸、推拿、拔罐等方法，可以调节体内的气，从而达到治疗疾病的目的。

二、身体训练

武术训练注重全身力量的运用与动作的协调，旨在实现攻防之间的平衡。为了提高身体的整体性和协调性，武术训练中采用了一系列专门的训练方法，如基本功训练、对练训练和器械训练。

基本功训练作为基础，包括站桩、步法、拳法、腿法等，这些动作不仅能提高身体的柔韧性，还能提高身体的协调性和平衡性。而对练训练则是一种与他人一对一进行攻防练习的方式，通过模拟实战场景，可以提高实战能力和身体的协调性。

此外，器械训练借助刀、枪、剑、棍等器械进行训练，进一步提高了身体的灵活性、协调性和反应能力。这些训练方式都旨在提高身体的柔韧性、协调性和平衡性。

值得一提的是，这些训练方法与中医的治疗理念不谋而合。中医强调调整身体的各个部分，以实现阴阳平衡。其中，针灸、推拿、拔罐等治疗方法在调整身体方面具有独特的效果。

针灸通过针刺穴位来调整经络气血，从而达到治疗疾病的目的。推拿通过按摩穴位和经络来调整身体的阴阳平衡，对于治疗多种疾病具有显著效果。拔罐则通过拔罐来刺激穴位，疏通经络，对治疗多种疾病也有很好的效果。

通过针灸、推拿、拔罐等中医治疗方法来辅助武术训练，不仅可以加速武术技能的提升，还能有效预防训练中的伤病问题。

综上所述，武术和中医的训练方式是相辅相成的。通过将两者有机结合，可以相互促进，共同提高人体的身心健康水平。

三、治疗伤病

武术和中医的治疗伤病的方法，可以相互借鉴。武术跌打可以治疗跌打损伤，中医内科可以治疗各种疾病。武术跌打可以为中医内科的治疗提供辅助，中医内科可以为武术跌打的治疗提供理论基础。

武术和中医的治疗伤病的方法，是中华民族的宝贵财富。

武术跌打治疗的方法，主要包括推拿、正骨、点穴等。推拿可以疏通经络，活血化瘀，消肿止痛。例如，跌打损伤后，可以用推拿的方法来疏通经络。正骨可以矫正骨骼错位，恢复骨骼的正常位置。例如，跌打损伤后，如果出现骨骼错位，可以用正骨的方法来矫正。点穴可以刺激穴位，止痛化瘀，消肿散结。例如，跌打损伤后，可以用点穴的方法来刺激穴位，以止痛化瘀。

中医内科治疗各种疾病的方法，主要包括中药治疗、针灸治疗、推拿治疗等。中药治疗可以调理阴阳，扶正祛邪，医治各种疾病。例如，感冒可以用中药治疗。针灸治疗可以刺激穴位，疏通经络，止痛化瘀，消肿散结。例如，腰痛可以用针灸治疗。推拿治疗可以疏通经络，活血化瘀，消肿止痛。例如，肩周炎可以用推拿治疗。

第四章　武术流派与风格的多样化

第一节　武术流派的分类与特点

一、武术流派的划分依据与方法

武术流派的划分是一个复杂而深刻的主题,它涉及中国传统武术的悠久历史、文化传承和多样化的技艺。要理解武术流派的划分依据与方法,需要深入研究中国武术的演变过程和技术体系。

第一,武术流派的划分可以依据以下几个方面。

地域性:不同地区的武术发展受到当地文化、地理环境、气候等因素的影响,形成了具有独特风格的武术流派。例如,南拳和北拳在技术和表演上存在显著差异,而且各自有不同的发展历程。

历史传承:武术流派通常由一位武术大师或创始人创立,并通过师徒传承的方式传承下来。这些流派在技术、理论和文化传统上都有独特之处。

技术特点:武术流派之间的区别还体现在技术特点上,包括招式、套路和武器的运用等。一些流派强调内功和精神修养,而另一些流派则侧重于力量和速度的发挥。

武术哲学与思想:不同的武术流派可能有不同的哲学观念和思想体系。一些流派强调和谐、柔和、以柔克刚的思想,而另一些流派则强调刚健、快捷、直接的思路。

第二,武术流派的划分方法包括以下几种。

术语与分类系统:学者和武术爱好者通过对武术的研究和总结,提出了一系列术语和分类系统,用于描述和区分不同的武术流派。这包括对拳法、剑法、棍法等的分类,以及对内家拳、外家拳的划分。

技术特点的比较:通过对不同武术流派的技术特点进行详细比较,可以揭示它们之间的差异和共同点。这种方法需要深入了解各个流派的具体技术和套路，从而找到它们的独特之处。

历史考证：通过对武术流派的历史渊源和发展脉络进行考证，可以揭示它们的起源、演变和传承。这需要研究古代文献、传承谱系以及武术名家的著作等资料。

实际体验与传统教学：实际体验可以帮助人们更好地理解武术的精髓，而传统教学则是武术流派传承的重要方式。通过实际参与不同武术流派的实践，或者通过传统的武术教学，可以更深入地了解各个流派的特点。

总的来说，武术流派的划分是一个涉及多维度的问题，需要从地域、历史、技术、哲学等多个角度进行考察。在探讨武术流派的时候，应该注重整体性的理解，同时也要兼顾每个流派的独特之处。通过深入研究武术流派，可以更好地领会中国武术丰富的文化内涵和技术传统。

二、不同流派的武术技艺特色

不同流派的武术技艺特色涵盖了拳法、剑法、刀法、棍法等多个方面。每个武术流派都有其独特的理论体系、技术要点和实战风格。下面对一些具有代表性的武术流派的技艺特色进行简要介绍。

（一）太极拳

太极拳是一种内家拳，强调阴阳平衡、以柔克刚的理念。其特色如下。

缓慢而连贯的动作：太极拳强调运动的连续性，通过缓慢而平稳的动作，追求身体的协调性与柔韧性。

内劲的运用：重视内家功夫，通过锻炼气功、内力，实现轻灵的动作和对对手的精准控制。

八卦和五行理论：太极拳借鉴了八卦和五行的理论，将这些哲学概念融入拳法，以指导身体的运动和力的运用。

（二）咏春拳

咏春拳是一种外家拳，注重实战和迅猛的进攻。其特色如下。

直击要害：咏春拳主张迅速、直接地进攻，重视攻击敌人的弱点，在最短的时间内制胜对手。

快速变化的技法：强调快速变换的技法，包括点、拿、搏等，以应对多变的战斗状况。

（三）少林拳

作为中国武术的代表之一，少林拳注重身体的力量和技巧。其特色如下。

动作刚劲有力：少林拳的动作刚劲有力，以展现身体的力量和肌肉的协调。

形式丰富：少林拳有众多套路，每一套路都有其独特的动作和技巧，包括虎、鹰、猴等不同动物形态的拳法。

注重基本功：少林拳强调基本功的锻炼，包括拳法、腿法、武器使用等。

（四）八卦掌

八卦掌是一种注重身体转动和位置变化的武术流派，其特色如下。

身法灵活：八卦掌强调腰部的灵活转动，以实现身体的快速变换和躲避对手的攻击。

八卦步法：引入八卦的理念，采用独特的八卦步法，迅速变换身体位置，让对手出现失误。

内外兼修：八卦掌融合了内家和外家的元素，注重内劲和外形的协调，以达到身体内外一体的境界。

（五）形意拳

形意拳强调形态、意境和力量的结合，其特色如下。

强调形态和意念：形意拳的动作注重表达意念，通过模拟各种动物的形态，展现出不同的特质。

形意拳有独特的套路，如五行拳、十二形拳等，每一套都有其独特的动作和理念。

（六）太极刀

太极刀是太极拳的衍生武术，其特色如下。

以刀为手：太极刀将太极拳的理念融入刀法中，强调柔和、灵活的刀法。

连贯的动作：刀法强调动作连贯，通过圆滑的刀刃运动，实现刀法的流畅变化。

内劲的运用：太极刀同样强调内家功夫，通过内劲的运用，使刀法更具威力。

（七）鹰爪拳

鹰爪拳强调抓取技巧，模仿鹰爪，攻击对手的要害部位。其特色如下。

爪法灵活：鹰爪拳的爪法灵活多变，可以迅速切入对手的防线。

腿法和摔技：除了手技，鹰爪拳还注重腿法的运用，以及针对敌手的摔技。

连贯的套路：鹰爪拳有许多连贯的套路，通过巧妙的组合，展示了其特有的进攻和防守手段。

三、流派之间的交流与融合

武术流派之间的交流与融合是中国武术发展历史上的重要现象。在漫长的发展过程中，各个武术流派在技艺、理论和实践方面相互交流、借鉴，形成了丰富多彩的武术文化。这种交流与融合不仅促进了武术的发展和创新，也体现了中国武术文化的包容性和博大精深。

（一）历史上的流派交流

1. 北方与南方流派的融合

在中国武术历史的早期，南北地域的武术风格存在较大差异。南方武术注重灵活敏捷，以蛇形、鹤形为主，而北方武术则强调力量与刚健，以虎形、龙形为代表。然而，随着历史的推移，南北流派逐渐发生交流与融合，形成了诸多综合性的武术流派，例如，咏春拳即融合了南北拳法的特色。

2. 少林寺的影响

作为中国武术的发源地之一，少林寺对武术的传播和流派融合起到了重要作用。少林寺的武僧们常年游走于各地，传播武术技艺，与各地的武术家进行交流。这种交流促使了少林武术与其他地方武术的融合，形成了具有独特风格的少林拳、少林刀等武术套路。

（二）现代的流派融合

1. 国术运动

20 世纪初，中国爆发了国术运动，旨在振兴国粹、提高国人的身体素质。在这个过程中，各个武术流派之间进行了广泛的交流与合作。许多武术家为了弘扬中华武术文化，积极开展合作，共同研究武术技艺，推动了流派之间的交流与融合。

2. 武术名家的跨流派传承

一些著名的武术家，如李小龙、甄子丹等，因其出色的武术造诣和广泛的学习经历，创立了跨流派的武术理念。他们在自己的武学体系中融入了多元的元素，从而推动了武术流派的交流和创新。

3. 武术比赛和表演

武术比赛和表演也成为流派之间交流的平台。不同流派的武术家通过比赛和演出，展示各自的技艺，同时也能够学习、借鉴对方的长处。这种竞技性的交流促进了武术技术的进步和融合。

（三）流派融合对武术的影响

1. 技艺水平的提升

流派之间的交流与融合带来了各种技术和理念的互相借鉴。这使得武术家们能够吸收其他流派的优点，不断提升自身的技艺水平。

2. 武术文化的丰富

流派融合使得武术文化更加多元和丰富，每个武术流派都能够为武术文化的发展做出独特的贡献。这也有助于推广和传承中国武术文化。

武术流派之间的融合既传承了传统武术的精华，又在创新中不断发展。这种传承与创新的过程使得武术始终保持着与时俱进的特点。

（四）流派融合面临的挑战

1. 保守派与创新派之争

在流派融合的过程中，一些保守派担心传统技艺的失传，强调对传统的守护。而另一方面，有一些创新派主张结合现代科技和搏击技术，使得武术更符合当代的实际需求。

2. 武术的文化认同与纯粹性

一些武术爱好者关注武术的文化认同和纯粹性，担心过度融合可能导致武术失去其独特的文化特色。如何在融合中保持武术的传统文化价值成为一个需要思考的问题。

（五）成功的流派融合案例

1. 太极拳和咏春拳

太极拳和咏春拳是两个极具代表性的武术流派，它们之间的融合在武术界取得了一些成功。一些武术家将太极拳的柔和、缓慢的特点与咏春拳的直接、迅猛的特点相结合，形成了一种融合了两者优点的新拳法。

2. 现代散打

散打是一种结合了传统武术和现代搏击的武术形式。它吸收了拳法、腿法、摔法等多种技术，融合了各个流派的实战经验。现代散打的崛起展示了武术在适应现代搏击需求上的积极探索与创新。

3. 综合格斗

综合格斗是一种结合了各种搏击术、摔跤术和地面格斗技术的综合性格斗形式。在综合格斗中，武术家可以灵活运用不同流派的技术，形成更为全面的格斗能力。这种跨流派的融合也促使武术家更全面地发展其技能。

（六）未来的展望与发展方向

1. 注重文化传承

在流派融合的过程中，注重保护和传承武术的根本文化价值至关重要。武术传承者需要坚守传统的武术精神，同时在融合中注重文化认同。

2. 创新与保守之间的平衡

未来武术的发展需要找到创新与保守之间的平衡点。保留传统技艺的同时，也要借鉴现代科技和运动学的理念，使武术更符合当代社会的实际需求。

3. 加强学术研究

学术研究是促进流派融合的关键。通过深入研究各个流派的技艺和理论，可以更好地理解它们的独特之处，有助于形成更科学、系统的武术理论。

未来，武术各流派的融合将持续发展，这需要武术界共同努力，找到一种既能传承传统文化，又能适应时代发展的方式。通过对流派融合的深入研究与探讨，我们可以更好地理解中国武术的博大精深，为其传承与发展提供有益的途径。

第二节　南拳北剑的差异

一、南方拳术与北方剑法的地域特色

南方拳术与北方剑法是中国武术中两大具有鲜明地域特色的流派，它们在技术、风格和文化内涵上都有显著的区别。南方拳术主要指的是福建、广东、广西等地的武术传统，而北方剑法则主要源自北京及其周边地区。这两大流派在历史长河中逐渐形成并传承至今，其各自独特的风格和特色成为中国武术文化的瑰宝。

（一）南方拳术的地域特色

1. 起源与历史

南方拳术的形成经历了漫长的过程，它的发展根植于中国南方地区的自然环境、民族文化和社会制度。福建、广东、广西等省区的拳术，是在民间武术和军事需求的驱动下产生的。南方地区地势复杂，丰富的水域使得南方拳术注重灵活多变的步法和身法，以应对不同的地形和战场情况。

2. 风格特点

南方拳术注重腰部的灵活运动。具有代表性的南方拳术种类有咏春拳、白鹤拳、五福拳等，这些拳种在实战中强调技击的迅猛和变化多端。动作注重节奏感，注重整体的协调性，使得南方拳术在打斗中显得灵活机动。

3. 文化内涵

南方拳术不仅是一种武术技击的手段，更是一种具有丰富文化内涵的体系。南方拳术强调的是内家功夫，注重心意的运用和意境的表达。同时，南方拳术在传承中也强调师徒关系和传统礼仪，体现了尊师重道的价值观。

4. 形式多样

南方拳术以形式多样而著称，每个拳种都有着独特的招式和套路。例如，咏春拳注重的是快速直击，而白鹤拳则以模仿白鹤为特色，动作舒缓。这种形式的多样性使得南方拳术能够适应各种不同的战斗场景。

（二）北方剑法的地域特色

1. 起源与历史

北方剑法源远流长，起源于中国北方地区，尤其是北京及其周边地区。它的发展受到了北方地域的气候、地势和历史文化的影响。北方剑法在古代宫廷和武术学府中得到了良好的传承。

2. 风格特点

北方剑法注重剑的灵活运用和剑术的技巧性。具有代表性的北方剑法有太极剑法、八卦掌剑法等，这些剑法在动作上追求刚柔并济，强调以柔克刚。北方剑法的动作通常较为繁复，注重技巧性的表现，使得其在表演上颇具观赏性。

3. 文化内涵

北方剑法不仅是武术技击的一种方式，更是一种文化的传承和表达。太极剑法强调以柔克刚的哲学思想，追求"以静制动"的效果，注重意境的表达。北方剑法的传承也注重文人气质，以儒雅、内敛的风格为特征。

4. 形式独特

北方剑法的套路通常较为复杂，包括了大量的剑法动作和脚步变化。太极剑法的动作流畅而具有舞蹈感，八卦掌剑法则强调剑的方向和攻守的变化。这些独特的形式使得北方剑法在武术表演和比赛中具有独特的风采。

（三）南方拳术与北方剑法的交流与融合

虽然南方拳术和北方剑法各自有着鲜明的地域特色，但随着社会的发展和文化的交流，它们之间也发生了一些交流与融合。在中国武术发展的历史长河中，南北武术流派之间的互动使得两者在技术和理念上产生了一些交叉。

1. 技术融合

一些武术大师和爱好者在实践中将南方拳术的灵活性和北方剑法的技巧性相结合，创造出了一些新的武术形式，丰富了武术的技术体系。例如，有些武术家将南拳的爆发力与北剑的剑术技巧相结合，形成了独特而富有创意的拳剑套路。这种技术融合既保留了南方拳术和北方剑法的传统特色，又展现了新的武术风貌。

2. 理念交流

南方拳术和北方剑法在哲学思想上也有一些相通之处。南方拳术注重内家功夫，强调身心的协调和统一，而北方剑法强调以柔克刚，追求和谐的哲学理念。这些共通的武学理念在实践中促进了南方拳术和北方剑法之间的交流，一些武术家在创作中汲取了两者的精华，形成了更为丰富的武学体系。

3. 文化影响

南方拳术和北方剑法的地域特色也在文化传承中相互交融。南方拳术通过丰富的舞蹈感和节奏感吸引了更多的观众，而北方剑法的内敛和雅致则为武术注入了更多的文人气质。这种文化的互相渗透使得南北武术都能够在不同的文化环境中传承和发展。

总体而言，南方拳术与北方剑法作为中国武术的两大支柱，其地域特色表现得淋漓尽致。南方拳术以其灵活多变、爆发力强的特点在战斗中展现出无穷的魅力，而北方剑法以其剑法技巧和文人气质为武术增添了一份雅致。两者之间的交流与融合，不仅使得武术更加多元化和富有创意，也为中国武术的发展开辟了新的道路。

二、南拳北剑的历史渊源与发展

南拳北剑作为中国武术中两大具有鲜明地域特色的流派，其历史渊源在漫长的岁月里逐渐形成，并影响着中国武术的发展脉络。南拳主要指的是流传于福建、广东、广西等地的拳术，而北剑则主要是源自北京及其周边地区的剑法。这两者在历史、文化和技术上的差异，构成了中国武术多元发展的重要组成部分。

（一）南拳的历史渊源与发展

1. 起源和历史

南拳的发展可以追溯到明清时期，尤其是明朝末期至清朝初期。福建、广东、广西等南方地区因其特殊的地理环境和社会历史，孕育了独特的南拳传统。清朝初期，一些武术家为了反抗清朝的统治，纷纷加入抵抗部队，形成了以南方拳术为基础的武术体系。这也为南拳的发展奠定了历史基础。

2. 不同流派的发展

南方拳术具有许多不同的流派和门派。其中，咏春拳、白鹤拳、五福拳等都是具有代表性的南拳流派。每个流派都有其技术特色和传承体系。咏春拳以快速、直击为特点，白鹤拳注重模仿白鹤的动作，五福拳则融合了福建地区的传统武术元素。

3. 抗倭运动的影响

在明朝末期，南方地区经历了一系列的抗倭运动，这也对南方拳术的形成和发展产生了深远的影响。在与倭寇的战斗中，武术家们逐渐总结出适应南方地形和应对异族武装的拳术技巧，形成了独具特色的南方武术体系。

4. 文化传承与发展

南拳不仅是一种武术技击的方式，更是一种富有文化内涵的体系。南方武术强调内家功夫，注重心意的运用和意境的表达。在传承中，南拳注重师徒关系和传统礼仪，弘扬着尊师重道的传统价值观。南拳的发展一直与南方地域的文化融合相伴而行。

（二）北剑的历史渊源与发展

1. 起源和历史

北方剑法的历史可以追溯到明清时期。在这个时期，宫廷武术的发展达到了顶峰，武术家们在修炼剑术的同时，也充分营造了文人雅致的氛围，展现出一种独特的艺术气息。

2. 宫廷文化的熏陶

北方剑法的发展受到了宫廷文化的熏陶。在宫廷中，武术不仅仅是一种实用的技能，更是一种文人雅趣。

3. 不同的剑法流派

北方剑法也具有多种流派，如太极剑法、八卦掌剑法等。太极剑法强调以柔克刚，注重剑法与太极拳的内家功夫相结合。八卦掌剑法则以八卦掌的理念为基础，注重剑法的方向和攻守的变化。每个剑法流派都有其独特的理念和技术特色。

4. 文人气质的体现

北方剑法的传承注重文人气质，追求剑法的精湛和内涵的表达。武术家们在剑法的表演中不仅仅强调技术动作，更注重整体形象的塑造。剑法的演练被赋予了一种艺术性，使得北方剑法成为一种富有文人风范的武术形式。

（三）南拳北剑的交流与融合

在现代，随着社会的发展和人们对传统文化的关注，南拳北剑得到了更多的重视。武术爱好者通过各种途径学习南方拳术和北方剑法，促使这两大流派在现代社会中得到传承与发展。一些武术团体、学校以及个体教练致力于将南拳北剑的传统技艺传承给下一代，同时也在此基础上进行创新，以推动南北武术的融合和发展。

总体而言，南拳北剑作为中国武术中的两大流派，各自在地域特色、历史渊源和发展过程中形成了独特的风格和传承体系。然而，在漫长的历史长河中，它们之间进行了一些交流与融合，不仅在技术层面互相借鉴，在理念和文化层面也相互影响。这种交流与融合不仅丰富了中国武术的流派，也为中华文化的传承和发展做出了积极的贡献。

三、南拳北剑在实战中的差异与应用

南拳与北剑作为中国武术中的两大流派，在实战中展现出一定的差异。这些差异既源自其地域特色和历史发展，又反映了南拳注重拳法技击与北剑强调剑术技巧的不同点。以下将深入探讨南拳与北剑在实战中的差异。

（一）南拳在实战中的特点与应用

1. 灵活多变的步法和身法

南方拳术在实战中的一个显著特点是其灵活多变的步法和身法。由于南方地区地形复杂，南拳注重灵活应对各种战斗环境。这种灵活性体现在腰部的转动和腿部的步法上，使得南方拳手能够迅速变换攻守、规避敌方攻击。

在实际应用中，南方拳术的灵活步法使其在狭小空间内也能自如运动，适应了城市战斗的需求。例如，咏春拳的独特步法，注重的是快速地前进、后退和侧移，有助于在局促的环境中迅速躲避对手的攻击。

2. 爆发力和变化多端的技击

南拳在实战中强调爆发力和变化多端的技击。由于历史上南方地区频繁发生战乱，南方拳手需要能够在短时间内迅速做出反应，以制胜对手。这种爆发力表现在拳法的快速组合和连贯性上。

南方拳术的技击往往直截了当，注重快速而准确地打击对手的要害部位。这种特点有助于在瞬息万变的战场上迅速制胜对手，是南拳在实际战斗中的一大优势。

3. 内家功夫的运用

南方拳术注重内家功夫的运用，即通过呼吸、意念和身体的协调来增强内力。这种内家功夫的应用使得南拳在实战中不仅强调外在的技击，更注重内在的气势和力量。

在实际应用中，内家功夫使南方拳手能够更好地控制自己的力量，进而提高抗击打的能力。同时，通过内家功夫的运用，南拳还能够在长时间的战斗中保持较强的耐力，能更好地应对敌方的连续进攻。

4. 师徒传承和传统礼仪

南方拳术在实战中不仅强调技击的实用性，还注重师徒传承和传统礼仪的应用。师徒关系的建立不仅有助于武技的传承，更增强了团队的战斗力。

在实际战斗中，南方拳手常常能够通过默契的配合，形成有力的团队。传统礼仪的应用则有助于拳手在紧张的战斗环境中保持冷静和沉着，提高应对突发情况的能力。

（二）北剑在实战中的特点与应用

1. 精湛的剑法技巧

北方剑法在实战中的显著特点是具有精湛的剑法技巧。北方剑法源于宫廷文化，其强调的是对剑的精准运用和技术的高超程度。北剑往往通过独特的剑势和剑法，精妙地应对对手的攻击。

在实际应用中，北方剑法的精湛剑术使得剑手能够在战场上迅速制胜对手，具有较强的攻击性。例如，太极剑舞动的剑势，通过变化的剑路化解对手的攻击，同时寻找攻击时机。

2. 刚柔并济的剑术理念

北方剑法强调刚柔并济的剑术理念，即在剑法的运用中既有刚劲有力的攻击，又有柔和灵活的应变。这种理念体现在北剑的剑法组合和动作中，追求剑术的协调和谐。

在实际应用中，刚柔并济的剑术理念使得北方剑手能够在攻守之间灵活转换，进而更好地适应战斗环境的变化。这种灵活性使得北方剑法在实际应用中有着更为多样的战术选择。

3. 内敛雅致的文人气质

北方剑法强调内敛雅致的文人气质，这种文人气质贯穿于剑法的表演和应用中。北方剑法在实战中注重剑手的风度与仪态，强调剑术的高雅。这种文人气质的内涵使得北剑不仅仅是一种实用的武术技能，更是一门艺术、一种精神修养和人格魅力的体现。

在实际应用中，文人气质的内涵使得北方剑手在战斗中能够保持冷静、淡定，不受外界因素的干扰。这种内在的优雅和沉稳有助于剑手在高压环境中更好地掌控战局，进而制胜对手。

4. 剑法与太极哲学的结合

太极剑法是北方剑法中的代表之一，它将太极拳的哲学原则融入剑法之中。太极剑法强调"以柔克刚""以静制动"的原则，追求剑法的圆润而变化无穷。这种太极哲学的运用使得太极剑法在实战中更注重利用对手的力量，善于利用对手的力量反制并攻击对手。

在实际应用中，太极剑法的剑势流畅而具有舞蹈感，通过变化的剑路巧妙地化解对手的攻击。这种灵活性使得太极剑法在战斗中表现出更为柔和的一面，使对手难以捉摸。

（三）南拳北剑的融合与应用

尽管南拳与北剑在历史、文化和技术上存在着显著的差异，但在实际应用中，它们也常常发生交流、融合，形成更为全面、灵活的武术体系。这种融合既体现在个体武术家的实践中，也体现在一些武术流派和套路中。

1. 南拳北剑套路的创新

一些武术家通过学习南方拳术和北方剑法，创造了一些融合南北特色的拳剑套路。这些套路既包含了南方拳术的爆发力，又融入了北方剑法的精湛技巧和刚柔并济的理念。这种创新的套路不仅拓展了武术的技术体系，也为南北武术的融合提供了实际的范例。

2. 南拳北剑的共同训练

在一些武术学校和训练班中，南拳和北剑的学习往往同时进行，让学员能够更全面地掌握武术技能。这种共同训练使得学员在实战中能够根据不同的情况，选择更为合适的拳法或剑法，提高了综合应用的能力。

3. 南北武术的综合表演

在武术表演和比赛中，南北武术的综合表演已经成为一种常见的形式。在这种表演中，南拳和北剑的特色被有机地融合，通过动作的流畅变化展示了武术的多样性和美感。这种表演既能够满足观众的欣赏需求，又展现了南北武术在现代的共融之美。

4. 武术竞赛的综合性

在武术竞赛中，南拳与北剑的综合性也得到了体现。一些比赛项目不仅包括拳术套路，还加入了其他器械要素。这种综合性的竞赛形式使得选手需要具备更为全面的武术技能。

总体而言，南拳与北剑在实战中的差异与应用是多方面的，涉及地域文化、武术哲学和技术特色等多个层面。然而，在现代社会，南拳与北剑之间的交流与融合越来越普遍，这不仅使得武术变得更加多元化，也有助于传承和发展中国武术文化。

第三节 内家拳与外家拳的比较

一、内家拳的内在理念与功夫特色

内家拳是中国传统武术中的一个重要派别，以其独特的内在理念和功夫特色而著称。内家拳的代表性流派包括太极拳、八卦掌、形意拳等。这些拳法在实践中注重内在的呼吸、意念和身体的协调，强调内功修炼，以"以柔克刚""以静制动"为基本理念。以下将深入探讨内家拳的内在理念和功夫特色。

（一）内在理念

1. 太极哲学的贯穿

太极拳是内家拳中最为著名的代表之一，它融入了太极哲学的核心理念。太极哲学强调阴阳互动、相互转化，通过不断变化的运动形式，体现了宇宙万象的变化规律。在太极拳中，武术家追求一种无形中包含有形、柔中有刚、静中有动的境界，通过模拟太极哲学的原理，实现对敌手的控制。

2. 内外一致的理念

内家拳注重内外一致的理念，即身体内外的各个部分应该协调一致，形成一个统一的整体。这种一致性不仅仅体现在动作的统一上，更体现在内外的协调上。通过对内外一致的训练，武术家能够更好地运用整个身体来发挥力量，提高自身的抗击打能力。

3. 动静结合的原则

内家拳的内在理念中，动静结合是一个基本原则。即便在动作中，武术家也要保持一种静态的内心状态，以便更好地感知身体的状态、对抗对手的进攻。动静结合的训练有助于提高武术家的专注力和反应速度，使其能够在战斗中更加从容地应对各种情况。

4. 对意念运用的强调

内家拳强调对意念的运用，即通过专注的意念来引导内力的运动和发挥。武术家通过集中意念，将注意力集中在身体的某一部分，调动全身的内力，使得力量更加集中和有针对性。这种训练使内家拳的武术家能够更加精准地控制和利用自己的力量。

（二）功夫特色

1. 对内功的强调

内家拳注重内功的修炼，即通过特定的呼吸法、静坐冥想等方式，培养和强化身体内部的气、神、精。内功的修炼不仅仅是为了增强武术家的力量和耐力，更是为了培养武术家的意志力和内在的坚韧性。通过长期的内功修炼，内家拳的武术家能够在极端的环境下保持冷静和应对各种挑战。

2. 柔和刚劲并重

内家拳在表现力量时注重柔和刚劲的平衡。与外家拳注重力量的直接爆发不同，内家拳更加注重通过柔和的动作来积聚内力，然后在必要的时候迅速释放。这种柔和刚劲并重的特色使得内家拳更加适应于对抗不同风格的武术招式，并能够在相对较小的空间中施展。

3. 循序渐进的练习方法

内家拳的练习往往采用循序渐进的方法。武术家通过逐步深化对招式、套路的理解，慢慢提高内力的使用水平和运动的流畅性。这种练习方法不仅有助于武术家逐步提高自身的武术水平，也有助于培养其对武术的兴趣。

4. 应用于自我防护

内家拳的功夫特色还体现在自我防护上。通过内家拳的训练，武术家能够在危险的环境中更好地保护自己。内家拳不仅仅注重技击的技术性，更强调在面对威胁时保持冷静。这种应用于自我防护的特色使得内家拳在实际生活中具有实用性。

5. 以德行为基础的修养

内家拳注重德行，倡导武德之道。内家拳的武术家在练习的过程中，不仅注重技术的提升，更注重道德修养的提升。这种提升有助于内家拳的武术家建立正确的人生观和价值观，培养谦虚、宽容、守纪守法的品质。通过德行修养，内家拳的武术家不仅能在武技上有所成就，更能够在生活中充分展现武者风范，为社会树立正面榜样。

6. 无为而治的思想

内家拳弘扬"无为而治"的思想，即在实际战斗中追求以最少的力量和动作，达到事半功倍的效果。这种思想源自道家哲学，强调通过顺势而为，以最小的努力取得最好的效果。在实际应用中，内家拳的武术家通过运用自身的内力和对手的力量，巧妙地化解攻击，达到以少胜多的目的。

7. 练习套路的应用性

内家拳的练习往往以套路为主，这些套路包含了丰富的技术和战术要素。这些套路并非单纯为了表演或舞蹈，而是有着深刻的应用性。内家拳的套路往往融入了多种技术手段，包括闪躲、化解、反攻等，通过不同的套路练习，武术家能够培养更为灵活、多样的战斗技能。

8. 动静结合的生活方式

内家拳的动静结合理念不仅仅体现在对武术的练习中，更贯穿于武术家的生活中。武术家在日常生活中注重保持身体的柔韧性、灵活性，并通过呼吸调理、冥想等方法维持内外平衡。这种动静结合的生活方式有助于武术家更好地保持身心健康，进而提高生活质量。

9. 心理层面的培养

内家拳的练习强调心理层面的培养，包括专注力、应变能力等。通过长时间的练习，武术家能够培养出对自己和他人的觉察力，提高在压力下的应对能力。这种心理层面的培养在实际战斗中尤为关键，能够让武术家在紧张的局势中保持冷静，迅速做出正确的判断和反应。

（三）内家拳的传承与发展

内家拳作为中国传统武术的珍贵遗产，得到了广泛的传承与发展。在现代社会，内家拳的传承不仅仅是武术技艺的传递，更包括对其内在理念的传承。

1. 师徒制度的传承

内家拳在传承中强调师徒制度，通过师父的亲自传授和示范，武术学徒能够更好地理解内家拳的内在理念和功夫特色。这种师徒制度有助于培养武术家全面发展的素养。

2. 国际化的推广与传播

内家拳在国际上也得到了广泛的推广与传播。许多内家拳的大师和爱好者在国际舞台上展示内家拳的魅力，促进了中华武术文化在世界范围内的传播。通过国际交流，内家拳得到了更多的发展机遇，吸引了更多不同文化背景的人士学习和研究。

3. 与现代健身和养生的结合

内家拳的传承与发展还体现在其与现代健身和养生的结合上。越来越多的人将内家拳视为一种健身方式，通过练习内家拳来调节身心，提高免疫力。内家拳的养生功效在现代社会中得到了更多的关注，成为人们追求健康生活的一种选择。

内家拳以其独特的内在理念和功夫特色，扎根于中国传统武术文化中，融合了哲学、道德、文学等多个方面的元素。这些内在的理念和功夫特色不仅体现了中国传统文化的深厚底蕴，更为武术家提供了一种全面发展的路径。

在内家拳的传承与发展中，对传统文化的尊重和理解至关重要。只有深刻领悟内家拳的内在理念，才能更好地继承和发展这一传统艺术。同时，随着社会的不断变革，内家拳的创新和现代化也是必然的趋势。科技的进步、文化的交流、全球化的趋势都为内家拳的发展提供了新的机遇和挑战。

内家拳的实践者应当在传承中注重创新，将传统的理念和技艺与现代科学、医学等领域结合，使其更符合当代人的需求。同时，内家拳的国际化推广也需要通过与多元文化的融合，更好地与不同地域、文化背景的人们产生共鸣。

在内家拳的发展过程中，应当注重教育与培训，推动内家拳从中国走向世界。通过制定系统的教学大纲、培训资深教练员，提高内家拳的教学质量，使更多的人受益于这一古老而珍贵的武术传统。

总体而言，内家拳以其独特的内在理念和功夫特色，成为中国传统武术的瑰宝，其也是当代人追求身心健康、精神修养的一种重要方式。通过不断传承、创新与发展，内家拳必将在当今社会中继续发挥重要的作用，传递中华武术文化的精髓。

二、外家拳的外在表现与实战特点

外家拳是中国传统武术的一个重要流派，以其力大劲猛、形式奔放、外在表现强烈的特点而著称。具有代表性的外家拳种类包括罗汉拳、观音拳等。这些拳法在外在表现和实战特点上有着独特之处。以下将深入探讨外家拳的外在表现与实战特点。

（一）外在表现

1. 力大劲猛的动作

外家拳的外在表现以力大劲猛为主要特征。在拳术的动作中，外家拳注重猛烈的爆发力，以迅猛的动作和有力的拳法展现武术家的力量。这种力量表现在拳脚、肢体的运动中，打击的瞬间带有爆发性，旨在迅速制胜对手。

2. 奔放自如的身法

外家拳的身法在外在表现上常显得奔放自如。武术家的动作多以大胆为主，注重身体的旋转、腾挪、跳跃等动作。这种奔放的身法不仅为武术表演增色不少，更在实战中提供了更多的机会来应对对手的攻击。

3. 精彩夺目的套路

外家拳的套路通常设计得精彩夺目，充满变化。套路是武术动作的一系列组合，用于模拟实际战斗中的多种场景。外家拳的套路注重拳法的独特性和视觉效果，通过连贯的动作，展现武术家的技艺水平和战斗能力。

4. 高难度的技击动作

外家拳的技击动作往往具有一定的难度和技巧性。这些动作涵盖了丰富的攻防手段，包括高难度的跳跃、腾挪等。这些技击动作不仅需要武术家有出色的身体协调能力，更要求在实战中能够随机应变，灵活运用这些高难度技巧。

5. 强调拳术的实用性

尽管外家拳的外在表现注重艺术性和观赏性，但其根本并非仅仅为了表演。外家拳更强调拳术的实用性，即在实际战斗中的可行性。拳法的每一个动作都有其具体的用途，强调实战中的技击效果。

（二）实战特点

1. 强大的爆发力

外家拳在实战中的一个显著特点是具有强大的爆发力。通过长时间的内外功夫的训练，练外家拳的武术家能够在瞬间迸发出强大的力量，使得拳脚的击打具有强烈的冲击力。这种爆发力不仅能够迅速制胜对手，更能在短时间内造成较大的威慑效果。

2. 灵活多变的战术应用

外家拳在实战中注重灵活多变的战术应用。武术家在面对对手时能够灵活运用各种拳法、腿法和身法，根据对手的动作迅速变换战术，寻找对方的破绽。这种灵活多变的战术应用使外家拳在实际战斗中具备较高的适应性。

3. 注重实际场景的模拟

外家拳在实战训练中常常注重模拟实际场景，包括狭小的空间、复杂的地形等。通过在不同的场景中进行实战模拟，武术家能够更好地应对各种战斗环境，提高实战能力。这种对实际场景的模拟有助于培养武术家的应变能力和战术意识。

4. 对敌策略的灵活调整

在实战中，练习外家拳的武术家能够灵活调整对敌策略。外家拳强调战术的快速变化，对于敌人的攻势和反击都能够及时做出反应。这种灵活性不仅包括进攻时的变化上，更包括化解对手攻击时的巧妙应对。武术家能够根据敌人的动向和力量，及时做出相应的调整，使其难以预测下一步动作。

5. 重视格斗技巧的训练

外家拳强调对格斗技巧的训练，包括对拳法、腿法、擒拿、摔技等多种技能的综合运用。武术家在实战中能够通过巧妙运用这些技巧来制胜对手。格斗技巧的训练使外家拳在实际应用中更为全面，不仅侧重于迅猛地攻击，同时注重在交战中占据有利的位置和把控对手的节奏。

6. 讲究攻防结合的战术思维

外家拳在实战中讲究攻防结合的战术思维。武术家不仅重视进攻的力量和速度，同时也强调在防守中找到反击的机会。攻防结合的战术思维使得外家拳在实际应用中更为灵活，不仅能够有效地抵挡对手的攻势，还能够在防守的过程中找到对方的破绽，实现反击。

7. 强调团队协作的实战训练

在某些外家拳的流派中，实战训练还包括了团队协作的要素。武术家在实际战斗中需要与团队成员密切配合，通过协同作战，更好地对抗多个对手或面对复杂战局。这种实战训练不仅有助于武术家个体战斗力的提升，同时也能培养战略意识。

（三）外家拳的传承与发展

外家拳作为中国武术的重要组成部分，在传承与发展过程中有其独特的轨迹。其传承注重师徒制度、实战实践，强调理论与实际的结合。而在现代社会，外家拳的发展也面临着新的机遇和挑战。

1. 注重理论体系的建设

为了更好地传承外家拳的理念和技艺，一些流派开始注重理论体系的建设。通过系统总结和整理，建立科学合理的理论框架，既有助于武术家更好地理解外家拳的内在精髓，也为其传承提供了更明确的指导。

2. 现代科技的运用

外家拳的传承与发展中，现代科技的运用也成为一个新的方向。运用生物力学、运动学等学科知识对外家拳的招式、动作进行深入研究，有助于提高武术训练的科学性和有效性。同时，通过网络和社交媒体等平台推广外家拳，能够使更多的人了解并参与到这一传统武术锻炼中。

3. 全球范围的推广与交流

随着经济全球化的发展，外家拳也逐渐走向国际舞台。通过国际比赛、文化交流等形式，外家拳得到了更广泛的认可和传播。与不同国家、地区的武术相互交流，既有助于外家拳的发展，也有助于中华武术文化的传播。

4. 多样化的应用领域

外家拳的传承与发展不仅限于传统武馆的学员培养，还包括了在各个领域的应用。一些外家拳的技术和理念作为一种实际的自卫技能，被引入警察、军队等领域。同时，外家拳的一些动作和原理也被引入健身、体育训练等领域，作为一种全面的锻炼身体和促进健康的手段。这样的多样化应用不仅拓展了外家拳的传播途径，也使其更符合现代社会多元化的需求。

5. 针对青少年和女性的培训

为了更好地传承外家拳，一些流派开始针对青少年和女性开展培训，通过开设儿童武术班、女性武术班等形式，吸引更多的人群参与到外家拳的学习中。这不仅有助于培养新一代的武术传承者，也有助于促进外家拳的普及与发展。

6. 弘扬武德文化

在传承外家拳的过程中，一些流派还注重弘扬武德文化，通过培养武德（武术道德）精神，来强调武术不仅是一种技能，更是一种修身养性的方式。这有助于培养武术家的品德，形成积极向上的武术练习氛围。

7. 跨学科研究的发展

为了更全面地理解外家拳，一些研究者将其与跨学科的知识相结合，进行深入研究。如结合心理学、哲学、人体工程学等领域的知识，对外家拳的内在原理和实战技巧进行更深层次的解析。这种跨学科的研究有助于更科学地理解外家拳。

8. 社会体育化的推动

为了促进外家拳在社会中更广泛地传播，一些地方性的社会体育化项目兴起。将外家拳纳入学校体育课程、社区健身活动等，能够使更多的人接触、了解并参与到外家拳的实践中。

总体而言，外家拳在传承与发展中保持了其传统的特色，同时也积极地顺应现代社会的需求和发展趋势。通过各种手段的推广与传承，外家拳在传统武术文化的基础上不断创新，为人们带来了一种丰富多彩的文化体验，同时也为中华武术的精髓在当代社会中的传承和发展做出了积极的贡献。

三、内、外家拳的互融互通

内家拳与外家拳作为中国传统武术的两个重要流派，各自有着独特的理念、功夫特色和实战风格。然而，随着时间的推移和社会的发展，内、外家拳之间的交流与融合逐渐成为一个备受关注的话题。下面将深入探讨内、外家拳的融合与交流，分析这一过程对武术发展的影响。

（一）内、外家拳的基本特点

1. 内家拳的基本特点

内家拳，包括太极拳、八卦掌、形意拳等，强调内功的修炼，注重内力的发挥。其基本特点包括以下几点。

内家拳注重气的运用，追求以柔克刚，通过调和呼吸和精神意念，将内力发挥到极致。

内家拳的招式往往注重圆滑、流畅，追求"以柔克刚"的原则，将力量隐藏于柔和的动作之中。

内家拳强调内在的调养，包括养生、冥想等方面的修炼，使武术家不仅能在武技上有所提高，更能够保持身心的健康。

2. 外家拳的基本特点

外家拳，如形意拳、洪拳、少林拳等，注重肌肉的锻炼和外力的发挥。其基本特点包括以下几点。

外家拳强调肌肉的锻炼和力量的爆发，注重肢体的协调和爆发力的表现。

外家拳的招式往往力大劲猛，注重实战技能，强调快速而有力的打击效果。

外家拳的训练注重体能的锻炼，包括爆发力、耐力和灵活性等方面，以适应实际战斗的需要。

（二）内、外家拳的融合与交流

1. 历史上的交流与融合

在中国武术的历史长河中，内、外家拳并非孤立存在，而是存在着一定程度的交流与融合。古代武术家往往具备多样的技能，既能体现内家拳的气势磅礴，又能展现外家拳的力大劲猛。例如，明朝时期的武术家张三丰，被认为是太极拳的创始人，但他同时也精通少林拳等外家拳法。

2. 太极拳的内外兼修

太极拳作为典型的内家拳，却在实战中注重内外兼修的原则。太极拳强调"以柔克刚"的原则，但在实际应用中，武术家需要在柔和的动作中嵌入坚实的内力，使得技击更具威力。因此，太极拳在运动中的表现，虽然看似柔和缓慢，实则蕴含着内外协调的精髓。

3. 内、外家拳的交流平台

现代武术界逐渐形成了一个交流平台，使得内、外家拳的学习者能够更容易地接触到对方流派的技法和理念。武术比赛、演示、研讨会等形式的活动成为内、外家拳交流的重要场合。通过这些平台，武术家能够学习、体验和交流不同流派的特点，从而促进内、外家拳的融合。

4. 武术理论的整合

近年来，一些武术理论家开始尝试整合内、外家拳的理论。他们提倡通过全面融合两者的优点，形成更为完善的武术体系。这种整合不仅在理论上有助于弥补内、外家拳各自的不足，也在实战中提供了更为全面的技能和策略。

5. 国际武术交流活动的推动

随着中国武术在国际上的推广，内、外家拳的交流也得到了推动。国际武术比赛、交流活动成为内、外家拳学习者更广泛地交流与切磋的平台。在国际武术交流活动的过程中，不同流派的武术家相互学习，了解对方的文化和技艺，促进了内、外家拳在全球范围内的传播与融合。

6. 文化艺术表演的推动

除了武术比赛和教学活动，文化艺术表演也成为内、外家拳交流的一种形式。舞台表演、武术展示等节目往往融合了不同流派的元素，通过艺术的方式展示了内、外家拳的独特之处。

7. 理念互通的促进

内、外家拳的理念虽然在侧重点上有所不同，但都追求武术的极致和全面性。内家拳追求以柔克刚，强调内在的调养和能量的运用；而外家拳注重力的发挥，强调肌肉的锻炼和实际战斗的效果。然而，这两者在追求武德、弘扬武术文化等方面有着共通之处。理念的互通使内、外家拳在实战技巧、修身养性等方面可以相互启发，进而为武术的整体提升做出贡献。

（三）内、外家拳的融合对武术发展的影响

1. 技击效果的提升

内、外家拳的融合有助于武术技击效果的提升。内家拳强调柔和、变化，外家拳注重力量和实战技巧，两者的结合能够使得武术家的实战技能更具全面性。通过融合，武术家能够在保持技法的灵活性的同时，提升力量的强度，提高实际战斗中的适应性。

2. 武术的艺术性提升

内、外家拳的融合对武术的艺术性的提升具有积极影响。传统武术强调招式的美感和动作的流畅性，而内、外家拳的融合能够使得武术表演更加富有变化和层次。在文化艺术表演中，这种融合不仅增添了观赏性，也为武术注入了更多的艺术元素。

3. 武术的理论体系更为完善

通过内、外家拳的融合，武术的理论体系变得更为完善。不同流派的技法和理念相互交融，有助于弥合内、外家拳之间的差异，形成更具普适性和适应性的理论框架。这有助于武术理论的系统性发展，为武术的科学化提供更为坚实的基础。

4. 武术教学方法的多样性

内、外家拳的融合使得武术教学方法更为多样化。教学者可以借鉴不同流派的优秀经验，采用更具灵活性的教学方式。这有助于满足不同学习者的需求，促进武术教育的全面发展。

5. 武术文化的传承与创新

内、外家拳的融合推动了武术文化的传承与创新。在融合过程中，传统武术的经典之处得以传承，同时也促使了新的理念、技艺的创新。这有助于武术文化的不断更新，使其更符合当代社会的需求，也更具有吸引力。

6. 国际武术交流的加强

内、外家拳的融合促进了国际武术交流的加强。不同流派的武术家通过交流活动更好地理解对方的技法和理念，促进了国际武术界的合作与共进。这种交流有助于中华武术更好地走向世界，促进世界各国武术的共同繁荣。

内、外家拳的融合与交流是中国传统武术发展的一个重要方向。这一过程不仅使武术在技艺上更趋完善，也为武术文化在当代社会中的传承与创新提供了新的契机。在理念与技法的交流过程中，内、外家拳相互促进，共同提升，为中华武术的多样性和卓越性注入新的活力。在经济全球化的时代背景下，内、外家拳的融合成为推动中华武术走向世界的有力工具，为全球武术爱好者提供了更广泛的学习机会。

第四节　武术的器械与道具的多样性

一、传统武术器械的分类与历史演变

传统武术器械是中国武术中不可或缺的一部分，它们既是武术的工具，也是一种文化的传承。这些器械在漫长的历史中逐渐形成并演变，具有丰富的文化内涵。下面将深入探讨传统武术器械的分类与历史演变，以展现这一丰富多彩的武术文化。

（一）传统武术器械的分类

1. 长兵器

长兵器是指那些在使用时需要伸出一定距离，以扩大攻击范围的武器。这类器械的特点是杆身相对较长，便于在战斗中扩大攻击范围。

（1）枪

枪是一种常见的长兵器，其杆身较长，末端配有枪头。枪既可作为长程刺击工具，也可进行短兵器的拿捏和击打。有的枪法注重直线刺击，有的则强调回旋、刺削等技法。

（2）槊

槊与枪相似，但槊的杆身较长，整体更为沉重。槊在古代战争中常被用于骑兵的冲锋，具有强大的穿透力。

（3）戟

戟是一种类似长矛的武器，但其刃口较大，有时甚至有双刃。戟在战场上可用于刺击、挑击等动作，也可当作短兵器进行挥击。

2. 短兵器

短兵器是指在使用时主要靠近身体，攻击范围相对较小的武器。短兵器灵活便捷，适用于近身搏斗。

（1）剑

剑是中国传统武术中最具代表性的短兵器之一，其种类繁多，包括长剑、短剑、双剑等。剑的使用注重出剑的灵动、快速，强调攻守兼备。

（2）刀

刀是一种利器，分为单刀、双刀、大刀、短刀等多种类型。刀法也有许多不同，注重技法的变化，如大刀强调劈砍，短刀注重挑剔。

（3）棍

棍是一种简单而实用的短兵器，其长度介于长兵器和短兵器之间。棍的使用强调灵活的挥击、转动和搏击技巧。

（4）锏

锏是一种古老的兵器，类似于短棍，但其一端配有重锤头。锏的使用强调旋转挥击，具有很强的破坏力。

3. 软兵器

软兵器是指那些以软质材料为主体的武器，如绳索、链条等。这类武器在使用时灵活多变，具有出其不意的攻击效果。

（1）鞭

鞭是一种灵活的软兵器，常见于中国武术的表演和实战中。鞭的使用强调快速、连贯、准确，有的鞭法甚至能够达到远程击打的效果。

（2）软剑

软剑，也称为假剑，是用软质材料制成的剑，如布或皮革。软剑的使用讲究剑法的轻灵、快速，适合进行敏捷的近身搏击。

（3）流星锤

流星锤是一种具有链条和锤头的软兵器，形状类似于流星。流星锤的使用注重灵活转动和挥击，有时甚至能够绕过敌人的防守。

（4）双戟

双戟是一种双头长柄武器，柄之间通常连接着软绳或链条。双戟的使用需要掌握旋转、挥舞等技法，具有较大的威慑力。

4. 特殊器械

特殊器械是指那些不同寻常的、独特的武术器械，常常具有一定的威慑力和表演效果。

（1）蛇鞭

蛇鞭是一种造型独特、灵活多变的软兵器，通常以蛇的形象为设计灵感。蛇鞭的使用讲究舞蹈式的技法，能够展现出流畅的曲线和独特的审美。

（2）铜环

铜环是一种类似于手铐的武术器械，多用于表演。铜环的使用需要掌握快速转动、挥舞和击打等技法，能够呈现出独特的视觉效果。

（3）飞镖

飞镖是一种以投掷为主要攻击手段的特殊武器，常用于暗器的训练。飞镖的使用需要高超的投掷技巧，多用于短距离的攻击。

（二）传统武术器械的历史演变

传统武术器械的历史演变与中国悠久的武术历史相辅相成，可以追溯至古代战争和军事训练的需要。

1. 古代兵器的起源

古代兵器起源于远古时期，最初是人类为了狩猎和自卫而使用的石制、木制、骨制器械。随着社会的发展，人们开始使用金属，制造出了更为坚固、锋利的兵器。

2. 兵器分类体系的确立

随着战争的演变，人们对兵器进行了系统的分类。《武经总要》是北宋封建王朝用国家力量编辑的一部大型综合性兵书，其对各类兵器进行了详细的分类，为后来的武术理论体系的确立奠定了基础。

3. 兵器的武术应用

兵器的武术应用在古代战争中发挥着巨大的作用。兵器不仅仅是武器，还是武术表演和训练的一部分。许多武术家将兵器的使用融入武术技艺中，形成了独特的流派和风格。

4. 现代武术器械的演变

随着社会的变革和武术的发展，传统武术器械在现代得到了更多的发展和创新。一些武术家根据实际需要对传统武术器械进行了改良和创新，以适应现代生活和娱乐需求。同时，现代科技的发展也为武术器械的制造提供了更多可能性，如使用新材料、改进设计等。

5. 武术表演与娱乐的兴起

随着武术表演和娱乐活动的兴起，传统武术器械逐渐脱离了实战的需求，更多地用于表演和娱乐。这使得一些传统器械在形状、材质、设计上发生了一些变化，以提高观赏性和表演效果。

6. 国际武术比赛的推动

国际武术比赛的兴起也对传统武术器械产生了一定的影响。为了适应比赛规则和提高观赏性，一些武术家对传统器械进行了改造，使得器械在比赛中更富有观赏性和竞技性。

7. 与现代理念相结合

在现代社会，一些武术流派和学院致力于将传统武术器械与现代理念相结合。它们通过引入科学训练方法、运动生理学知识等，使得传统武术器械的训练更加科学化、系统化。这种融合旨在保留传统武术的精华，同时使其更符合现代人的身体素质和健身需求。

8. 武术器械文化的传承

传统武术器械不仅是武术技艺的一部分，更是中国武术文化的象征。通过武术器械的传承，人们可以了解古代武术家的智慧和创造力，感受中国武术深厚的历史底蕴。一些武术家通过出版著作、演出等方式，努力推动传统武术器械文化的传承与弘扬。

9. 社会影响和流行文化

传统武术器械在影视作品、动漫、游戏等流行文化中也起到了积极的作用。

一些经典武侠小说和影视剧中的武术器械的使用深入人心，激发了观众对武术文化的兴趣。这也促使一些人主动学习和传承传统武术器械技艺，使其在社会中持续发挥影响力。

传统武术器械的分类与历史演变展示了中国武术丰富多彩的文化底蕴。这些器械不仅是武术技能的具体体现，更是中国古代文化、哲学和军事智慧的结晶。随着时代的变迁和社会的发展，传统武术器械在保留传统的基础上，逐渐融入现代生活，为武术文化的传承和发展做出了积极贡献。通过继承、创新和国际交流，传统武术器械不仅在中国得到了传承，在国际上也吸引了越来越多的关注。

二、武术器械在武术表演与实战中的运用

传统武术器械在武术表演和实战中都发挥着独特的作用，它们既是表演者展示武术技艺的工具，也是实战中练就武艺的重要器械。在这两个领域，武术器械的运用体现了丰富的武技技艺。下面将深入探讨武术器械在武术表演与实战中的运用。

（一）武术器械在武术表演中的运用

1. 强调艺术性与观赏性

武术表演是一门高度艺术化的表演形式，其中武术器械的运用不仅强调技术的精湛，更注重表演的艺术性和观赏性。武术表演者通过对器械的熟练运用，展示出优美的动作和流畅的连贯性，使得观众能够在表演中感受到武术的美学价值。

2. 展示武术家的身手与功力

武术表演中，器械的运用是武术家展示身手与功力的重要手段之一。不同的器械需要武术家灵活运用，通过独特的动作、技巧和组合，展示出高超的武术技艺。观众通过欣赏武术表演，可以直观地感受到武术家的身手、力量、速度等方面的优势。

3. 传承和发扬武术文化

武术表演是传承和发扬武术文化的重要途径。通过表演，武术家可以展示传统武术的独特魅力，向观众传递武术的核心价值观念，如忍让、尊重等。武术器械的运用成为表演中的视觉亮点，吸引着更多的人了解和学习传统武术。

4. 激发观众的兴趣与热情

武术表演通过武术器械的运用，能够激发观众的兴趣与热情。观众在观赏过程中，往往会被高难度的器械动作、精湛的技艺所吸引，从而对武术产生浓厚的兴趣。这对于武术的传播和推广起到了积极的作用。

5. 现代元素的融入

在武术表演中，为了适应现代观众的口味和审美需求，一些武术表演者对传统武术器械进行了创新与改造，融入了一些现代元素，以增强表演的时代感和创新性。这既能保持传统武术的底蕴，又能使表演更具时尚感。

（二）武术器械在实战中的运用

1. 强调实用性与实战技能

相较于表演，武术器械在实战中的运用更加强调实用性与实战技能。实战要求武者在面对真实的威胁时能够迅速、准确地运用器械，完成防御或反击。因此，实战对武者的身体素质和技能的要求更为严格。

2. 武器的选择与携带

在实战中，武者需要根据具体情境和个人的特长选择合适的武器。不同的武器在实战中有着不同的用途，例如，长兵器适用于远距离攻击和控制，而短兵器则更适合近身搏斗。武者需要根据战场环境和对手情况，灵活选择并携带合适的武器，以确保在实战中具备最大的战斗威力。

3. 灵活运用武术器械

在实战中，武者需要灵活运用武术器械。与武术表演不同，实战要求更加注重实用性，技巧需要快速而准确，以迅速制胜对手。武者需要具备在高压环境下冷静应对的能力，善于根据战局变化灵活调整武器的使用方式。

4. 协同作战与团队合作

在实战中，武者可能需要与队友协同作战，这要求他们具备团队合作的能力。武术器械的使用需要与团队成员之间进行有效的沟通和配合，以确保整体作战的顺利进行。同时，武者也需要在团队中找到最适合自己的角色和定位。

5. 应对多变的战场情况

实战中的情况十分复杂，武者需要具备灵活应对的能力。他们需要随时调整武器的使用方式，迅速适应不同的敌情，同时还要考虑周围环境的利弊。这要求武者在高度紧张的情况下保持清醒的头脑，以做出明智的决策。

6. 对武器的精准掌握

在实战中，武者对武器的精准掌握至关重要。他们需要通过长时间的训练，使自己对武器的使用变得熟练而精准。这包括对武器的重量、长度、平衡性等方面的掌握，以确保在紧要关头能够迅速做出准确的动作。

7. 心理素质的培养与训练

实战中的压力往往比武术表演时的压力更大，武者需要在高度紧张的情况下保持冷静。心理素质的培养与训练成为实战中至关重要的一环。武者需要具备坚韧不拔的毅力，以及在危险环境下进行自我保护的意识和保护队友的责任感。

8. 合法合规的器械运用

实战中对武术器械的运用必须符合法律法规，且在合理的范围内。武者需要明确自己的行为受到法律保护的范围，不得滥用武器。在实际应用中，合法合规的器械运用是武者应当高度重视的原则。

（三）武术表演与实战的异同

1. 目的和背景的不同

武术表演和实战的目的和背景存在明显的不同。武术表演更注重演艺效果、艺术性和观赏性，其背后更多是为了传承文化、放松娱乐。而实战则是为了在现实生活中应对威胁和危险，强调实用性和生存技能。

2. 技术要求的差异

武术表演的技术要求相对更为宽松，更注重动作的美感和连贯性。表演者可以在相对安全的环境下展示高难度的技巧，以取悦观众。而在实战中，技术要求更为苛刻，需要更加注重实际战斗中的可行性和有效性。

3. 对环境和条件的考虑

武术表演通常在设计好的场地中进行，具备相对固定的环境和条件。而实战可能发生在复杂多变的环境中，武者需要根据不同的场景和条件做出相应的应对，如考虑周围的地形、光线等因素。

4. 心理压力的差异

在武术表演中，武者面对的压力主要来自观众的期待和对自身表现的要求。

而在实战中，压力来自生死存亡的紧迫感，武者需要在高度紧张的情况下做出正确的决策。

5. 装备的选用

在武术表演中，武者可能使用特制的轻便器械，以增强表演的流畅性和安全性。而在实战中，武器的选用需要更加注重实用性和实战需求。武者需要在实际场景中选择合适的武器，考虑武器的尺寸、重量、材质等因素，以确保在实战中能够最大程度地发挥武器的威力。

6. 对抗形式的不同

武术表演往往是双方配合，以展示独特的招式和技法，强调艺术性和协调性。实战则更强调对抗形式，需要运用实际战术和技能来制胜对手。

7. 训练方式的不同

针对武术表演和实战的不同需求，武者的训练方式也存在一定的差异。在武术表演中，训练更注重动作的舞蹈感和表演效果，而在实战训练中，则更强调真实的场景模拟和对抗训练，以提高武者的实战能力。

8. 道德伦理的考量

在实战中，武者的行为往往受到道德伦理的制约。在实战中使用武器需要慎重考虑对手的生命安全，避免造成人身伤害。而在武术表演中，武者可以更自由地展示高难度的套路，而不受实际伦理的限制。

9. 训练时长和频率的区别

为了在实战中保持高水平的应对能力，武者需要进行更为频繁和刻苦的实战训练。这包括对抗训练、实际场景模拟等，以提高应对突发情况的能力。而在武术表演中，由于重点在于技巧的展示，训练可能更注重动作的精细化和艺术性。

武术器械在武术表演与实战中的运用展示了武术的多重层面，既有强调艺术性和观赏性的表演，又有追求实用性的实战。武者需要经过长期的专业训练，灵活运用各种武术器械，以应对不同的挑战。通过武术的传承与发展，武者能够在武术表演和实战中找到平衡，同时为武术文化的传承和推广做出贡献。

三、现代武术道具的创新与设计理念

随着社会的不断发展和人们对健康、锻炼的不断追求，武术作为一种传统文化的代表，吸引了越来越多的公众。在现代社会，武术不仅仅是一种实用的自卫技能，更是一种身心锻炼的方式。为了适应现代人的需求，武术道具在设计和创新方面也发生了巨大的变化。

（一）现代武术道具的创新

1. 科技与材料创新

现代武术道具的设计中充分融入了科技与材料的创新。传统的武术器械常常采用木质或金属材料，而现代武术道具则使用了更轻、更坚固、更耐用的材料，如高强度的碳纤维、先进的合金等。这不仅提高了道具的质量，也使其更适合现代人的使用需求。

2. 智能化设计与数据反馈

一些现代武术道具结合了智能化设计，通过搭载传感器和计算机芯片，能够实时获取使用者的运动数据。比如，智能化的武术拳套可以记录拳击动作的速度、力度、频率等数据，通过手机应用反馈给使用者，帮助其更好地调整和改进拳法。这种设计理念旨在提供更智能的训练方式，使武术练习更加高效。

3. 模块化和可调节性

现代武术道具设计还注重模块化和可调节性，以适应不同使用者的需求。举例来说，一些武术器械采用模块化设计，使用者可以根据自己的身高、体型和技能水平，调整器械的长度、重量等参数，以实现更符合个体差异的训练效果。

4. 虚拟现实与增强现实的融合

随着虚拟现实和增强现实技术的发展，一些武术道具也开始融入这些先进技术。通过戴上 VR 眼镜，使用者可以沉浸在虚拟的武术场景中，与虚拟对手进行对抗，从而提高实战技能。这种设计理念旨在打破传统武术练习的时空限制，为武者提供更为丰富、真实的训练体验。

（二）现代武术道具的设计理念

1. 强调安全性与舒适性

现代武术道具的设计理念中，安全性和舒适性被给予了更高的重视。传统的武术器械在使用中可能存在一些安全隐患，如木刀、木剑等容易造成人身伤害。现代设计注重采用柔软而坚固的材料，以降低受伤的可能性。同时，在设计上考虑到使用者的舒适感，使得练习更加愉悦。

2. 适应多样化的锻炼需求

现代社会中，人们对于健康锻炼的需求多样化，不再局限于传统的武术形式。因此，现代武术道具的设计理念强调灵活性和多功能性，以满足不同人群的锻炼需求。例如，一些多功能的健身器材可以同时用于力量训练、柔韧性训练和心肺功能锻炼。

3. 注重与现代生活的融合

现代武术道具的设计理念还强调与现代生活的融合。这包括对外观设计的时尚感、便携性的考虑等。通过将武术器械融入日常生活，设计者试图激发更多人参与武术锻炼，使其成为生活中的一部分。

4. 注重用户体验与参与感

现代武术道具的设计理念追求更好的用户体验和参与感。一些武术器械设计师通过人性化的设计，使得使用者更容易上手，更享受训练的过程。同时，一些互动性的设计，如与手机应用的连接，可以增强使用者的参与感，激发其锻炼的积极性。

5. 倡导健康生活的理念

现代武术道具的设计理念中，健康生活的理念被视为一个重要的方向。通过科技的运用，一些武术器械能够记录使用者的锻炼数据，提供个性化的健康建议，帮助使用者更好地管理自己的锻炼计划。这种设计理念强调武术不仅是一种锻炼身体的手段，更是一种提高身体健康水平的生活方式。

6. 可持续发展与环保

在现代武术道具的设计中，可持续发展和环保成为越来越重要的考虑因素。设计者们选择使用可再生材料，并鼓励使用者进行长期的、可持续的锻炼。这种设计理念体现了对环境保护的责任感，同时也符合现代人对于健康和可持续发展的追求。

7. 注重文化传承与创新

现代武术道具的设计理念在注重传统武术文化传承的同时，也融入了创新的元素。一些道具通过现代科技手段，将传统的武术动作与虚拟现实技术相结合，创造出了全新的训练方式。这种设计理念既尊重传统，又推动了武术的创新与发展。

8. 提倡综合健身

现代武术道具的设计理念强调综合健身，不仅包括力量和灵敏度的训练，还包括柔韧性、心肺功能等多方面的锻炼。一些道具具有多功能性，可以满足使用者在健身方面不同的需求。

（三）影响与展望

1. 推动武术的普及与传承

现代武术道具的创新及其设计理念有助于推动武术的普及与传承。科技化的道具设计，吸引了更多年轻人和不同年龄层次的人们参与武术锻炼。这有助于保护和传承传统武术文化，使其更好地融入现代社会。

2. 促进武术与健康生活理念的结合

现代武术道具的设计理念使得武术更加贴近健康生活的理念。人们越来越关注身心健康，通过使用现代化的武术道具，可以更轻松地将武术融入日常生活，成为人们健康生活的一部分。

3. 推动武术在全球范围内的认可

随着现代武术道具设计的不断创新，武术在全球范围内的认可度也逐渐提高。现代化的设计理念使得武术不再被局限于传统的文化圈，更容易吸引国际观众和从业者。这有助于促进中华武术在国际上的传播与交流。

4. 促使武术与其他领域的交叉融合

现代武术道具的创新设计推动了武术与科技、设计等领域的交叉融合。武术与虚拟现实技术、智能科技的结合，不仅拓展了武术的训练方式，也为其他领域带来了新的思路与可能性。

5. 挑战传统与文化保护的平衡

尽管现代武术道具的创新及其设计理念为武术的发展带来了新的机遇，但也带来了一些挑战。如何在创新中保护传统武术文化，是当前需要深入探讨的问题。

现代武术道具的创新与设计理念体现了人们对武术的新需求和新期望。通过科技、材料等的创新，现代武术道具不仅提升了实用性和安全性，也推动了武术与现代生活方式的结合。在保持传统文化传承的同时，现代武术道具设计为武术在全球范围内的传播与发展开辟了新的可能性。

第五节　中国武术的地方性与民族性

一、地方文化与武术流派的交融

武术作为中国传统文化的重要组成部分，承载着丰富的地方文化内涵。在中国的不同地方，由于历史、地理、民族等因素的差异，形成了丰富多样的武术流派。这些武术流派不仅在技法上有所差异，更深刻地反映了各地的文化传统和价值观念。

（一）历史渊源与地方武术流派

1. 地理环境对流派形成的影响

中国地域广阔，历史上形成了多个独立的政治实体，这种分裂的局面促成了各地武术流派的形成。不同地方的政治、军事和社会环境塑造了各自的武术传统。例如，南方地区多河流湖泊，水战技术相对发达，而北方地区多平原，骑射和步战技术更为突出，这对南北武术流派产生了深远影响。

地理环境对武术流派的特色产生了直接而深刻的影响。例如，山区地域的武术流派可能更注重于利用地势进行躲避和反击；而平原地区的武术流派可能更加注重步战技法，强调开阔场地上的作战技能。这种地理环境与武术流派的结合反映了人们在特定自然条件下的求生和战斗经验。

2. 文化传统对流派精神的塑造

每个地方都有自己独特的文化传统，这种文化传统深刻地影响了当地武术流派的精神内涵。比如，岭南地区的武术流派融入了广府文化，注重轻灵灵动的技法，更加注重艺术性；而峨眉山的武术流派则承载了佛教文化，注重内外兼修、道德修养。

（二）地方武术流派的代表性示例

1. 少林寺武术——佛教文化的武学传统

少林寺武术是中国武术流派中最为著名的流派之一，其极具代表性的少林拳以及其所传授的一系列武术技法，不仅仅是武术文化的代表，更是佛教文化的象征。少林寺地处嵩山，得天独厚的地理位置孕育了独特的武术传统。少林寺武术注重内外兼修，追求心灵的宁静与武技的高超。

2. 咏春拳——闽东文化的代表

咏春拳是福建省闽东地区的代表性武术流派，深受闽东文化的影响。咏春拳强调实战性和实用性，技法简练直接，注重快速反应和出奇制胜，反映了海岛居民对保护自身安全的迫切需求。此外，咏春拳的理念还融入了儒家文化中的仁爱思想，注重礼仪和人际关系。

3. 八卦掌——北方武术

八卦掌源于北方，是一种注重变化的武术流派，是北方武术的精华。其名称来源于《易经》中的八卦图，反映了其注重变化、迅速转移的战斗风格。北方地区的大平原和开阔的战场环境对八卦掌的形成起到了重要作用。八卦掌的特色在于缠绕、转动，以及不断变化的步法和招式，借助这种灵活性进行迅速反击。

（三）地方文化对武术流派的影响

1. 民族传统的体现

在一些边疆地区，武术流派的形成受到了少数民族文化的影响。例如，藏区的格斗技法就融入了藏族传统的武术元素，并展示了对高原地区特殊气候和地理环境的适应。这种民族传统使得其武术流派更具地方特色，与当地的生活习惯和传统文化相契合。

2. 社会风气的影响

不同地区的社会风气也对武术流派的形成产生了影响。一些地区注重军事防御，武术流派可能更加注重实战技巧；而一些地区注重武德精神，武术流派则可能更注重修身养性、道德修养。社会风气的影响直接反映在武术流派的训练目标和价值观念上。

3. 经济发展水平的影响

地方的经济发展水平也在一定程度上塑造了当地武术流派的特色。相对较为贫困的地区可能更注重实用性，强调经济有效的战斗技巧；而相对富裕的地区则可能更注重艺术性，强调武术的表演和娱乐性。经济因素使得不同地区的武术流派在技术特色和训练目标上有所差异。

4. 地方风土人情的影响

每个地方都有自己独特的风土人情，这些地域文化因素直接影响了当地武术流派的形成。例如，江南地区多水乡，塑造了太极拳等流派的轻灵、缓慢的特点；

而西北地区多沙漠，则可能更注重实战技能，反映了临危不惧的豪迈气质。

（四）结合实例探讨地方文化对武术流派的具体影响

1. 以咏春拳为例

咏春拳是福建省闽东地区极具代表性的武术流派，深受闽东文化的影响。咏春拳的招式简练，技法实用，体现了闽东地区强调实际应用的风格。此外，咏春拳的理念注重快速而准确地反应，这反映了当地人民在历史上频繁遭受外敌入侵的生存状态。同时，咏春拳中的一些套路和动作也融入了闽东传统的祭祀和宗教仪式元素，体现了对当地文化的尊重和传承。

2. 以八卦掌为例

八卦掌起源于北方地区，其名称源于《易经》中的八卦图。八卦掌强调缠绕、转动的步法和招式，反映了北方平原地区开阔的战场环境。北方人民在历史上常受到游牧民族的威胁，因此八卦掌的变化多端、灵活机动的特点恰好适应了对付骑射战法的需求。八卦掌中的理念也融入了道家哲学的元素，强调变化无常、追随自然之道。

地方文化对武术流派的影响是多方面而深刻的。从历史、地理、哲学、文化传统、社会风气等多个层面，地方文化塑造了不同的武术流派，并在流派的传承与发展中起到了关键作用。每一个武术流派都是当地文化和人民智慧的结晶，承载着地域性、民族性和历史性。在经济全球化的时代，地方武术作为中国传统文化的重要组成部分，在国际上展示着丰富多彩的中国武术文化。通过对地方文化对武术流派的影响的深入研究，我们更能够理解武术的丰富内涵，进而推动武术文化的传承与创新。

二、民族文化在武术发展中的贡献

武术作为中国传统文化的瑰宝，不仅仅是一种战斗技能，更是一种集身体力量、精神修养、哲学思想于一体的综合体系。在武术的漫长发展过程中，各个民族的文化在武术的形成、发展和传承中都起到了积极的作用。

（一）不同民族文化的历史背景与武术的关系

1. 汉族文化的历史贡献

汉族是中国人口最多的民族，其文化对武术的形成和发展有着深远的影响。汉族历代统治者在武术的发展和整合方面起到了关键作用。例如，太极拳作为中国传统武术的代表之一，明朝末年由汉族杰出的武术家陈王廷就是重要传承人，后来又经过多代传承不断发展完善。太极拳的哲学思想融合了儒家、道家和佛家的思想，体现了汉族文化的包容性和综合性。

2. 藏族文化的宗教影响

在西藏，武术技艺也是一种重要的文化传承。藏族文化受到佛教的深刻影响，而藏传佛教本身也包含了一系列的武术技法。例如，藏传佛教的僧人通常会学习一些武术技艺以保护寺庙和信徒。藏族武术技法在实战中强调静中有动、动中有静，体现了其独特的哲学观念和宗教文化的独特性。

3. 维吾尔族文化与战斗技艺

维吾尔族是中国西北地区的一个主要民族，其文化与伊斯兰教有着深厚的关系。维吾尔族的武术技艺融合了伊斯兰文化的特点，强调内家功夫的修炼和实战技巧的结合。维吾尔族的刀术、拳法等在技艺上独具特色，体现了其文化传统对武术的独特影响。

（二）不同民族的武术技法与风格

1. 藏族武术的独特技法

藏族武术技法源于他们丰富的高原生存经验和独特的宗教信仰。其中，格斗技法和器械使用体现了藏族人在特殊地理环境下的实际需求。例如，藏刀的使用方式体现了高原地区的气候和地形对武术技法的影响。此外，藏族武术中的一些动作和套路还融入了佛教中的各种意象，如莲花、佛印等，使其不仅是一种技术，更是一种宗教仪式的体现。

2. 哈萨克族的骑射技艺

哈萨克族是中国西北地区的主要民族之一，其骑射技艺在武术中占据着重要地位。哈萨克族的骑射传统源远流长，通过马背上的射击展现了其优秀的骑射技巧。这种技艺的发展与哈萨克族长期的游牧生活和对马的深厚了解密切相关。哈萨克族的骑射技艺不仅是一种实用的战斗技能，也是对马背上的优雅运动的极致追求，反映了其民族文化对武术的独特贡献。

3. 满族的刀术传统

满族是中国东北的一个重要民族，其刀术传统在武术中占有重要地位。满族刀术具有独特的刀光剑影之美。其刀术中的一些动作，如回旋、翻腕等，体现了满族传统文化对于武术技法的独特理解。此外，满族的刀术在一些武术流派中也有着深远的影响，成为中国武术的瑰宝之一。

（三）不同民族文化对武术现代化的启示

1. 融合现代科技手段

在武术的传承和发展中，不同民族的文化传统可以通过现代科技手段得以更好地保护和传承。通过视频、网络等现代科技手段，可以将武术的技法、套路等传播得更为广泛，使得更多的人能够接触到传统武术。这有助于保持传统武术在现代社会中的活力，使其更好地融入当代生活。

2. 借鉴其他文化的优秀经验

不同民族的武术传统中都蕴含着丰富的经验和智慧。在武术的现代化发展过程中，各个民族可以借鉴彼此的优秀经验，共同推动武术的创新和发展。例如，可以通过国际武术交流，学习其他国度的武术特色，为武术的多样性和综合性发展提供新的思路。

3. 注重武术精神的传承

不同民族的武术传统中都蕴含着丰富的武术精神，这种精神是其传承的核心。在武术现代化的过程中，应当注重对武术精神的传承。这包括对勇气、正义、自律等价值观的弘扬，使武术在现代社会中更好地发挥其修身养性、人格培养的功能。

4. 推动武术国际化

通过国际合作和交流，不同民族的武术文化可以在全球范围内得到更好的传播。推动武术的国际化有助于世界各地的人们更好地了解和体验不同民族的武术文化，促进文明交流和互鉴。同时，国际化也为武术的传承和发展提供了更为广阔的舞台。

不同民族的文化在武术的发展中发挥着举足轻重的作用。这种多元性不仅丰富了武术的形式和内容，也使得武术成为中国传统文化的重要组成部分。各个民族的武术传统都蕴含着丰富的哲学思想、文化传统和民族精神，这些都为武术的传承和发展提供了丰富的营养。

在当今社会，武术不仅是一种传统技艺，更是一种文化符号和精神追求。通过对不同民族文化在武术发展中的贡献的深入了解，我们可以更好地理解武术的多元性和丰富性，推动武术在现代社会的传承、创新和国际交流。

三、武术在不同地区的传承与创新

武术作为中国传统文化的瑰宝，自古以来在各个地区得到了广泛传承与发展。每个地区的武术传统都有其独特的历史渊源、地域特色和文化影响。

（一）南方武术传统

1. 南方武术的历史渊源

南方武术主要指江南、福建、广东等地的武术流派，其发展与北方武术有着不同的历史渊源。南方武术受到了地域环境的影响，多数地区地势复杂，水域众多，这为南方武术的特色打下了基础。在漫长的历史中，南方武术逐渐形成了独具特色的拳法、器械和内功体系。

2. 南拳的特色与传承

南拳包括了闽南白鹤拳、南派六合拳、咏春拳等多个流派。其中，咏春拳起源于福建省，以快速、直接、实用为特点，注重发力点和瞬间的反应。南方武术的特色在于灵活多变、注重速度和身法的运用。南拳在传承中注重师徒制度，通过口传心授的方式，确保技法的传承不失真实性。同时，南方武术在民间的传承中也有一脉相承的家族传统，这种传承模式更加强调师徒情谊与家族文化的延续。

3. 南方武术的创新

南方武术在保持传统的基础上也进行了一系列的创新。此外，南方武术流派在武术套路、武术器械等方面也进行了创新，以适应现代社会的需求。这种创新不仅丰富了南方武术的技术体系，同时也为其在当今社会的传承提供了新的动力。

（二）北方武术传统

1. 北方武术的历史渊源

北方武术主要指河北、山西、陕西、北京等地的武术流派，其历史渊源较为悠久。北方地势较为平坦，适宜骑兵作战，这为北方武术的刀枪剑戟技法提供了独特的发展环境。在历史上，北方武术受到了游牧民族的影响，发展出以刚健、豪放为特点的武术风格。

2. 北拳的特色与传承

北方武术包括八卦掌、八极拳等多个流派。其中，八卦掌源自北京，以缠绕、转动为特点，注重身法变化和灵活应变。北方武术的特色在于直拳直腿、跳跃旋转的步法，注重整体力量的运用。北拳的传承多以师传为主，注重学徒的体能训练和实战演练。北方武术的传承还注重内家功夫的修炼，如气功等，以提高身体素质和内力。

3. 北方武术的创新

北方武术在保留传统的基础上也进行了一系列的创新。例如，八卦掌的创始人在八卦掌中融入了道家哲学的元素，强调自然变化、顺势而为。八极拳的创始人在八极拳中融入了《易经》的思想，注重动静结合、刚柔相济。这种创新在北方武术中既保留了传统的武术技法，又注入了更为深刻的哲学内涵，使北方武术更富有思想性。

（三）南拳北剑的交流与融合

1. 南拳北剑的交流历史

南方武术与北方武术在交流中相互影响，形成了南拳北剑的独特传统。历史上，南拳北剑的交流主要发生在中国南北方交汇的地带，如河南、山东等地。南北武术流派在交流中相互借鉴，南方武术的灵活性和北方武术的刚健性相互融合，形成了更为全面的武术体系。尤其是在兵法、战术等方面，南北武术的交流使得武术在实战中更为灵活多变。

2. 南拳北剑的融合特色

南拳北剑的融合体现在武术技法、套路、器械等多个层面。例如，在器械方面，南方的短兵器和北方的长兵器相互融合，形成了更为灵活多样的器械应用。这种南拳北剑的融合既保留了南北武术各自的传统特色，又形成了一种更为全面的武术体系。

3. 南拳北剑在实战中的应用

南拳北剑的融合在实战中展现出显著的优势。南方武术注重快速、灵活的动作，符合近身肉搏的需要；而北方武术注重刚劲、有力地攻击，适应开阔场地的战斗。南拳北剑的融合使得武者在不同的战场环境中都能够灵活应对，既能迅速近身制敌，又能远距离攻击，具有较强的适应性和实战能力。

（四）南拳北剑的现代发展

随着现代社会的发展，武术面临着新的挑战和变革。传统的武术在实际战斗中的应用相对减少，更多地成为一种修身养性的方式。同时，现代人对健身、保健、文化娱乐等需求的增加，使得武术逐渐演变成了一种全民健身的运动方式。

在这个背景下，南拳北剑的传统特色和实战技巧需要与现代社会的需求相结合，以寻找新的发展方向。

1. 南拳北剑的现代创新

为适应现代社会的需求，南拳北剑进行了一系列的现代创新。在技法方面，结合现代运动科学，注重身体素质的提升和功能性训练，使得武者具有更强的爆发力和持久力。在教学方法上，引入现代教育理念，推动武术的系统化、科学化传承，使得更多人能够系统学习和掌握南拳北剑的技法。在器械应用上，结合现代防身需求，注重对实际应用技巧的训练，使得南拳北剑更具实用性。

2. 南拳北剑的国际传播

南拳北剑在国际上的传播也成为其现代发展的重要方向。通过国际交流、比赛等途径，南拳北剑得以在国际上展示其独特的魅力。国际传播不仅有助于推广南拳北剑，还提高了中华武术在国际上的声誉和地位。通过与其他武术流派的交流，南拳北剑吸收了其他文化的优秀经验，促进了武术的多元发展。

3. 南拳北剑与现代生活的融合

在现代，南拳北剑逐渐融入了人们的日常生活。武术不仅作为一种传统技艺，更是一种身心修养的方式。南拳北剑的套路、动作等元素被引入健身课程、文体活动中，成为一种受欢迎的文化体验。武术表演、比赛也成了各类文艺活动和赛事的一部分，使得南拳北剑不仅仅停留在传统堂馆，更走向了社区、学校、企业等各个领域。

（五）未来发展

1. 传统文化的传承与创新

南拳北剑的未来发展需要在传承传统文化的基础上注重创新。传承是基础，但不能停留在过去的辉煌中。需要在保持传统技法的纯正性的同时，通过创新注入新的元素，适应现代社会的需求。传承与创新的结合，可以使南拳北剑更好地适应时代发展的潮流，保持其生命力。

2. 现代科技手段的运用

随着科技的发展，南拳北剑可以借助现代科技手段进行更为广泛的传播。通过虚拟现实技术，武术爱好者可以在虚拟环境中学习实战技巧。利用互联网，可以进行远程教学、在线比赛等活动，促进南拳北剑的国际传播。科技的运用不仅可以提高武术的教学效果，也可以为武术的研究和发展提供更为便捷的平台。

3. 文化交流与跨界合作

南拳北剑的未来发展需要加强与其他文化的交流与合作。通过与其他武术流派、体育项目、文化艺术等领域的跨界合作，可以融合更多元的元素，丰富南拳北剑的内涵。同时，与国际各界的文化交流可以提高南拳北剑在国际上的影响力，为中华武术树立更为崇高的国际形象。

4. 社会参与与全民健身

南拳北剑的发展也需要更多的社会参与和全民健身的支持。通过推动武术运动融入社区、学校、企业等各个领域，可以加深人们对南拳北剑的认知。在全民健身活动中融入武术元素，能使更多人享受到南拳北剑给身心带来的益处。

南拳北剑作为中国武术的重要组成部分，在不同地区传统的基础上，通过交流、融合、创新逐渐形成新的南拳北剑传统。

第五章 武术现代化与国际交流

第一节 武术的竞技化与体育化

一、武术竞技规则与比赛体系的现代化

近年来，随着武术运动在全球的崛起，人们对武术竞技规则和比赛体系的现代化提出了更高的要求。传统武术不仅是一种文化传承，更是一种身心修炼的方式，而现代武术竞技的规则和体系的更新，不仅有助于吸引更多人参与，也能够提升武术在国际体育舞台上的竞争力。

（一）武术竞技规则的现代化

1. 传统与现代的融合

传统武术源远流长，拥有丰富的技术和套路，但其传统规则在现代竞技中可能存在一些不适用的地方。现代化的竞技规则需要在尊重传统的基础上，结合运动科学、生物力学等现代科学知识，使得竞技更具公正性和可观赏性。

2. 评分体系的科技支持

在武术比赛中，评分是一个至关重要的环节。传统的评分方式可能存在主观性较大的问题，现代技术的引入可以通过传感器、摄像头等设备，实时监测运动员动作的准确性、力度和速度，使评分更加客观化。

3. 安全性与公平竞技

现代武术竞技规则的更新也需关注运动员的安全和比赛的公平性。明确比赛规则，预防和处理意外伤害，同时避免裁判的不公正，有助于提高比赛的质量。

（二）比赛体系的创新

1. 多样化的比赛项目

为了吸引更广泛的受众，武术比赛体系需要更多元化。除了传统的套路和散打比赛外，可以考虑引入自由搏击等多种形式，以满足不同运动员和观众的需求。

2. 职业化与联赛体系

建立职业化的武术联赛体系，有助于培养更多专业化的运动员。联赛制度可以提高运动员的竞技水平，同时也能为他们提供更多的发展机会和奖励，推动武术运动的全球化发展。

3. 科技与互联网的结合

利用互联网技术，将武术比赛呈现在全球观众面前。在线直播、虚拟现实等技术手段，能够使观众更直观地感受比赛，进而提升观赏性和互动性。

（三）国际交流合作

1. 国际规则的统一

为促进武术在国际范围内的发展，各国武术界需要加强合作，推动国际规则的统一。通过共同努力，建立公认的比赛规则和标准，有助于提高武术运动在国际体育层面的地位。

2. 加强跨文化交流

武术是中国传统文化的重要组成部分，通过加强与其他文化的交流，武术能够更好地融入世界体育大家庭。举办国际性的武术比赛、交流活动，有助于提高武术的国际影响力。

3. 整合全球资源

各国武术协会可以通过合作，共享人才、技术和资源，推动武术运动的共同进步。这有助于提高各国武术水平，同时促进武术在全球范围内的普及和发展。

（四）发展中的挑战与前景

1. 保持传统文化的纯粹性

在推动武术竞技现代化的过程中，需要注意保持传统文化的纯粹性。如何在现代规则下保留武术的独特性，是一个需要认真思考的问题。

2. 培养专业化人才的难度

要建立起职业化的武术运动体系，需要大量专业人才的支持，包括教练、裁判、医护等。培养这些专业人才面临着资金、资源等多方面的挑战。

3. 跨文化交流中的理解与尊重

在国际交流中，需要充分理解和尊重不同文化的差异，避免文化冲突，使得武术能够更好地融入各国体育体系。需要建立起相互尊重、平等对话的机制，促进跨文化交流的良性发展。

4. 技术应用中的伦理问题

随着科技的进步，武术竞技规则现代化中的技术应用也面临着一些伦理问题。例如，运用生物传感器监测运动员身体状态是否涉及隐私问题，这就需要制定合理的规范和法律来保障运动员的权益。

5. 资源分配与不平等问题

武术运动在各国的发展水平存在差异，一些国家可能面临着资源匮乏、基础设施不足等问题。如何在全球范围内实现资源的公平分配，让更多国家有机会参与到武术竞技的现代化进程中，是一个亟待解决的问题。

尽管面临诸多挑战，但武术竞技规则与比赛体系的现代化是一个势在必行的发展方向。通过不断的探索和实践，武术运动有望在国际体育舞台上崭露头角，为世界范围内的武术爱好者和从业者提供更广阔的舞台。

武术的价值不仅在于文化传承，更在于其对人们身心的修炼。随着时代的发展，武术竞技规则与比赛体系的现代化势在必行。在这一进程中，需要在尊重传统的基础上，注重科技的应用，倡导公平竞技，促进国际合作，使得武术在现代体育舞台上焕发新的活力。

通过多元化的比赛项目的建立、职业化的联赛体系的开发、科技与互联网的结合，武术竞技有望吸引更多人关注和参与。国际交流与合作将推动武术在全球范围内的传播，促进各国之间的文化交流与理解。

通过共同努力，可以为武术竞技规则与比赛体系的现代化铺平道路，推动武术运动在全球范围内的发展。

二、武术运动员的专业训练与体能要求

武术作为一门综合性的体育项目，不仅要求运动员具备深厚的武术功底，还要求其具备出色的体能素质。武术运动员的专业训练是其成功的关键因素之一。

（一）武术运动员专业训练

1. 基础功夫的打磨

武术的根本在于基础功夫。武术运动员需要通过反复训练基本招式、动作、步法，打磨出扎实的技术基础，包括拳法、剑术、棍术等各种武术项目的基本功。武术运动员通过不断练习，使得动作更加准确、娴熟，为后续的高级技巧的学习打下坚实的基础。

2. 器械的使用与训练

武术器械，如刀、剑、枪、棍等，是武术中不可或缺的一部分。武术运动员需要通过专业的器械训练，熟练掌握器械的使用技巧，提高自身在比赛中的灵活性和攻击性。同时，器械训练也有助于锻炼运动员的肌肉力量和手眼协调能力。

3. 散打与实战训练

武术运动员需要具备一定的实战能力，因此散打与实战训练成为不可忽视的一环。通过模拟实战场景，提高运动员的反应速度、战术意识和应变能力，使其能够在实际比赛中应对各种情况。

4. 柔道与摔跤的技能训练

在武术竞技中，摔跤和柔道技能也是重要的组成部分。这些技能不仅能够提高运动员的格斗能力，还有助于其在比赛中制造有利的战机。摔跤和柔道的训练有助于武术运动员更好地掌握地面作战技巧，提高其在比赛中的全面素质。

（二）武术运动员体能要求

1. 力量训练

武术运动员的力量训练是其体能培养的重要组成部分。强大的肌肉力量不仅能够增强攻击力，还有助于运动员在比赛中保持稳定的动作和姿态。力量训练包括卧推、深蹲、引体向上等综合性的训练，以提高全身肌肉的力量水平。

2. 爆发力与速度训练

武术运动员需要具备出色的爆发力和速度，以在瞬息万变的比赛中迅速反应。爆发力和速度训练包括短跑、爆发力动作练习、快速变向等项目，能够提高运动员的爆发力和灵活性。

3. 耐力与持久力训练

武术比赛可能需要运动员持续进行激烈的运动，因此良好的耐力和持久力是不可或缺的体能素质。长跑、有氧运动、循环训练等项目有助于提高运动员的心肺功能和身体的耐力。

4. 灵敏度与协调性训练

武术运动员需要具备较好的身体灵敏度和协调性，以迅速做出各种复杂的动作和应对对手的变化。灵敏度和协调性训练包括各种平衡训练、灵活性练习以及特殊的身体协调动作，如翻腾、倒空翻等。

5. 柔韧性训练

柔韧性是武术运动员进行高难度动作、避免受伤的重要保障。常见的柔韧性训练包括瑜伽、拉伸运动、关节活动等，可以扩大关节的活动幅度和提高身体的柔韧性。

（三）训练中的综合考虑

1. 个体化训练计划

不同的武术运动员在技术水平、身体素质等方面存在差异，因此需要制订个体化的训练计划，以更好地满足运动员的特殊需求，提高训练效果。

2. 营养与恢复训练

武术运动员的专业训练除了考虑技术和体能外，还需要关注营养和恢复体能。科学合理的饮食结构能够为运动员提供足够的能量和营养物质，帮助其更好地完成训练和恢复体能。恢复训练也包括足够的休息时间、充足的睡眠以及理疗等手段，以确保运动员在高强度训练后能够快速恢复，减少受伤风险。

3. 心理素质的培养

武术比赛对运动员的心理素质的要求极高。专业的心理训练有助于运动员保持冷静、专注，提高应对压力和逆境的能力。心理素质的培养可以通过专业的心理辅导、集体心理训练以及自我调控技能的掌握来实现。

4. 伤病预防与康复训练

由于武术运动的高强度和高风险性，伤病的预防和康复训练至关重要。定期的身体检查、康复性训练等措施能够有效地避免运动员再次受伤，保障其长期稳定的训练和比赛状态。

（四）挑战与前景

1. 体能训练的均衡性

武术是一项多样化的运动，要求运动员在技术、力量、速度、耐力等多个方面取得平衡。在体能训练中，需要确保各项训练的均衡性，以免出现某一方面过度强调而导致其他方面发展不足。

2. 运动员的心理健康问题

武术运动员在长时间且高强度的训练和比赛中可能面临心理问题。过度的焦虑和竞争心态可能对运动员的表现产生负面影响。因此，对运动员的心理健康进行关注和干预，使其建立积极向上的心理状态，是当前必须重视的问题。

3. 训练条件和资源的不均衡

在一些地区，由于训练条件和资源的不足，武术运动员的专业训练面临困难。在发展武术运动的过程中，需要关注全球范围内训练条件和资源的均衡分配，为更多的运动员提供发展的机会。

4. 科技应用与隐私保护

随着科技的发展，武术运动员的训练中可能会应用越来越多的科技手段，如运动追踪、虚拟现实等。然而，科技手段的应用也可能涉及个人隐私问题，需要在科技推动运动发展的同时，保障运动员的隐私权。

武术运动员的专业训练与体能要求既需要注重武术技术的深化与拓展，又需要关注体能素质的全面发展。通过科学合理的训练计划，合理的营养摄入，健康的心理素质培养，以及全面的康复和伤病预防措施，武术运动员可以在竞技场上取得更好的成绩。

在未来的发展中，需要持续关注体能训练的均衡性、运动员的心理健康问题、训练条件和资源的不均衡等挑战，并通过国际合作、科技创新等手段，为武术运动员的培训提供更加全面、科学的支持，推动武术运动在国际体育舞台上取得更大的成就。

三、武术作为体育项目的国际认可与发展

武术作为中国传统文化的瑰宝，自古以来一直扮演着重要的角色。随着时代的变迁，武术逐渐演变为一项体育项目，并在国际舞台上崭露头角。

（一）武术争取国际认可的历程

1. 传统武术走向现代体育

传统武术源远流长，扎根于中国古老的文化传统。然而，长期以来，武术主要以传统练习和武术表演的形式存在，较少涉及竞技和体育层面。伴随现代体育理念的影响，武术逐渐转变为一项注重身体素质锻炼和竞技性的体育项目。

2. 国际武术比赛的兴起

20世纪后期，国际上开始举办武术比赛，使武术走出国门。这些比赛不仅吸引了来自各国的武术爱好者，也为武术运动员提供了展示实力的机会。国际武术比赛的兴起为武术在国际体育舞台上赢得了更多的认可。

3. 武术进入国际体育组织

凭借着国际奥林匹克委员会对体育项目的开放态度，武术开始积极争取国际体育组织的认可。虽然目前武术尚未成为奥运会正式比赛项目，但其在一些国际体育赛事中的亮眼表现引起了全球人民的广泛关注。

（二）面临的挑战及其解决方案

1. 传统与现代的平衡

武术作为传统文化的代表，其争取国际认可的过程需要平衡传统和现代的需求。传统武术注重内外兼修、以德为先的理念，而现代体育更加强调竞技性和规范化。如何在推广武术的过程中既保持传统文化的独特性，又满足现代体育的需求，是一个需要认真考虑的问题。

2. 规则的国际标准化

在争取赢得国际认可的过程中，需要制定统一的国际竞技规则。不同流派和国家存在不同的规则体系，这可能导致比赛评判的主观性和不公正性。通过制定国际标准化的规则，可以提高比赛的公正性和可观赏性，有助于武术更好地适应国际体育环境。

3. 提高比赛的专业化水平

赢得国际认可的关键之一是提高武术比赛的专业化水平。通过吸引更多专业化的人才参与武术运动，可以提升武术在国际体育舞台上的竞争力。

（三）武术在国际体育舞台上的优势与贡献

1. 丰富多元的文化内涵

武术作为中国传统文化的代表，具有深厚的文化内涵。其独特的哲学思想、道德伦理、医学养生等方面的价值观，为国际体育舞台注入了新的元素。武术的传播有助于增进各国人民对中国文化的了解和认同。

2. 强身健体的锻炼方式

武术注重身心的统一，强调锻炼身体的力量、柔韧性、协调性等多方面的素质。作为一种综合性的身体锻炼方式，武术有助于提高运动员的身体素质，降低患病风险，为人们提供了一种健康的生活方式。

3. 促进国际体育多元化

武术作为一项独特的体育项目，丰富了国际体育的形式。在国际比赛中，武术呈现出多样化的风格和形式，包括拳术、剑术、棍术等，使得体育舞台更加丰富多彩。武术的引入不仅拓宽了国际体育的领域，也为观众提供了更多选择，推动了国际体育的多元发展。

4. 增进国际交流与友谊

武术的传播和推广有助于促进各国之间的文化交流。通过参与国际性的武术比赛、举办交流活动，各国运动员能够互相学习、交流经验，促进不同文化的交融。这有助于构建和谐的国际体育氛围，推动世界各国在体育领域的合作与交流。

（四）武术国际化发展的前景

1. 进入奥运会的可能性

武术作为一项具有丰富文化底蕴和全球影响力的体育项目，长期以来一直在争取进入奥运会。尽管目前尚未实现，但随着武术在国际体育舞台上的崛起，进入奥运会的可能性仍然存在。这对于武术的国际认可和推广将起到积极的促进作用。

2. 加强国际合作

在武术国际化发展的过程中，国际合作至关重要。各国武术协会可以通过联合举办比赛、互派教练员、开展技术培训等方式，促进武术运动的共同进步。同时，建立国际性的武术组织和联盟，推动国际规则的统一和专业水平的提高。

3. 提升比赛的专业性

为了提升武术在国际体育舞台上的竞争力，需要进一步提升武术比赛的专业性。这包括完善比赛规则、提高裁判水平、推动运动员的专业培训等。通过引入科技手段、提高比赛组织水平，使得武术比赛更具观赏性和竞技性。

4. 发展新型赛事与媒体传播

随着新兴媒体的发展，武术可以通过多种方式进一步拓展其国际影响力。通过举办新型赛事，如武术搏击、武术健身挑战等，吸引更多的观众关注。同时，加强与各类媒体的合作，通过互联网直播、社交媒体传播等方式，将武术推广至更广泛的受众。

武术作为一项具有深厚文化底蕴的体育项目，在国际体育舞台上正逐渐崭露头角。国际化的道路上，武术需要克服传统与现代的平衡、规则的国际标准化、专业化水平的提升等挑战。同时，武术在国际体育舞台上的优势，如丰富多元的文化内涵、有利于促进国际交流与增进友谊等，为其未来的发展提供了坚实的基础。

通过国际合作、不断提升比赛的专业性、发展新型赛事与媒体传播，武术有望在未来进一步拓展其国际影响力，甚至有可能进入奥运会。这不仅对武术的传承和发展具有重要意义，也有助于促进不同文化间的交流与理解，为全球体育事业的繁荣做出积极贡献。

第二节　中国武术与国际奥林匹克运动

一、中国武术争取进入奥运会的历程

（一）概述

1. 背景与起源

武术作为中国传统文化的瑰宝，源远流长。在古代，武术一直是军事训练和自我防卫的重要手段，同时也体现了中华文化的哲学思想和审美观念。然而，武术并未从一开始就是奥运会项目的一部分。

2. 奥运会的起源与发展

现代奥运会的起源可追溯至 19 世纪末的希腊，其初衷是通过体育竞技促进

国际友谊与理解。1896 年，第一届现代奥运会在雅典举行，最初仅包括一些传统的田径项目。随着奥运会的发展，各国纷纷加入，并争相推荐自己传统的体育项目予以列入。

（二）武术争取进入奥运会的初步尝试

1. 20 世纪初的努力

在 20 世纪初，中国武术开始引起国际体育界的关注。当时，一些武术爱好者和倡导者积极向奥运会组委会申请将武术列入奥运会项目。然而，由于当时人们对武术的认知不足再加上标准不明确，这些尝试并未获得成功。

2. 中国武术与国际体育的接触

20 世纪中期，随着中国体育事业的崛起和国际体育交流活动的增加，中国武术开始有了更多的机会参与国际性比赛。一些武术团队在国际赛事上展示了高水平的技艺，吸引了世界人民的目光。

（三）武术争取进入奥运会的再一次尝试

20 世纪 80 年代，国际奥委会逐渐启动了奥运会项目的审查和整改工作，有关武术列入奥运会项目的声音再次被提起。然而，在当时的规定下，武术并未成功进入奥运会项目，成为当时的一大遗憾。

进入 21 世纪，中国武术再次迎来了加入奥运会项目的机会。随着奥运会项目的调整和开放，国际奥委会开始对新的体育项目和文化传统项目持开放态度。中国武术再度站在了奥运会的门槛前，迎来了新的机遇。

（四）国际奥委会的审查与武术的改革

1. 国际奥委会的审查标准

为了确保奥运会项目的多样性和公正性，国际奥委会针对新项目的纳入有一系列的审查标准。其中包括项目的国际性、普及程度、技术水平、竞技性等多个方面的考量。

2. 武术改革与规范

为了更好地适应奥运会的要求，中国武术界开始进行内部的改革和调整。这包括对武术竞技规则的制定、国际标准的推广、各流派间的合作等方面。通过这些努力，中国武术逐渐迈向了更为规范化和专业化的发展道路。

（五）中国武术的新契机

1. 2008 年北京奥运会的契机

2008 年，奥运会在北京成功举办，使中国成为奥运会历史上的焦点。这次奥运盛会为中国武术争取国际认可提供了新的契机。中国武术的表演和展示成为开幕式等大型场合的亮点，吸引了全球观众的目光。

2. 国际武术联合会的成立

为了更好地协调和推动武术在国际的发展，国际武术联合会应运而生。这个组织致力于推动武术的规范化、国际标准的制定，并与国际奥委会保持密切联系。国际武术联合会的成立为中国武术在国际舞台上走向规范和专业化铺平了道路。

（六）未来的希望与挑战

1. 进一步提升规范性

尽管中国武术在国际体育舞台上取得了一些成就，但仍然面临一些规范性的问题。武术各流派的标准化、裁判的一致性、规则的科学性等方面仍有待进一步提升。

2. 加强国际交流与合作

中国武术要获得国际认可，加强国际交流与合作是至关重要的。中国武馆可以通过与其他国家的武术协会、国际性体育组织合作，开展更多的联合培训、国际赛事和文化交流活动。这些形式可以促进各国武术的共同发展，同时也能加深国际奥委会对武术的认知和理解。

3. 科技与媒体的应用

在武术的推广和国际认可过程中，科技和媒体的应用不可忽视。借助现代科技手段，如虚拟现实、人工智能等，可以提升武术比赛的观赏性和互动性。同时，通过社交媒体、网络直播等方式，可以将武术的魅力向全球人民展示，吸引更多人参与和关注。

4. 提高运动员的水平与国际竞争力

中国武术要在国际体育舞台上赢得认可，必须注重提高运动员的水平和国际竞争力。这需要制订科学的训练计划，加强运动员的专业化培训，并在国际比赛中不断积累经验。通过与其他国家高水平武术运动员的交流，提高中国武术运动员的整体水平。

5. 推动武术进入奥运会

中国武术要实现最终的奥运梦想，需要继续积极争取进入奥运会。这涉及与国际奥委会的密切合作，遵循奥运会项目纳入的一系列标准，同时展示武术的独特魅力。通过各种形式的宣传和推广，使更多国家的观众认识和热爱武术，为其进入奥运会创造有利条件。

中国武术争取进入奥运会的历程是一个曲折而又充满希望的过程。通过不懈努力，中国武术逐渐在国际上树立起自己的形象，成为文化交流和人类体育历史的一部分。

未来，中国武术会面对更多的挑战和机遇。在争取进入奥运会的道路上，需要坚持规范化、科技化和专业化的方向，加强国际合作，提高运动员的整体水平，不断拓展武术在国际上的影响力。最终，中国武术有望实现在奥运舞台上的辉煌登场，为中华文化的传承和发展做出更为显著的贡献。这一历程不仅是中国武术自身的成长之路，也是中华文化在世界舞台上崭露头角的缩影。

二、武术在奥运会上的展示与影响

（一）武术与奥运会的交汇

武术，作为中国传统文化的瑰宝，长期以来是中国体育运动的代表之一。然而，其争取进入奥运会的历程充满艰辛。随着时间的推移，武术在奥运会上的展示与影响也逐渐凸显，成为国际体育舞台上的一大亮点。

（二）武术在奥运会期间的展示

1. 武术的奥运会开幕式表演

武术作为中国传统文化的代表在 2008 年北京奥运会开幕式上精彩亮相，令世界人民叹为观止。武术表演通过传统拳法、剑法、器械等形式，生动展现了中华文化的独特魅力，为观众带来了一场视觉盛宴。

2. 武术在文艺晚会中的角色

除了开幕式，武术也在奥运文艺晚会中扮演着重要角色。在国际体育盛事的背景下，武术以独特的方式融入晚会，通过舞台表演、传统音乐等形式，向世界展示了中国武术的博大精深。

3. 武术运动员的表现

武术运动员在奥运会期间的表现是决定武术影响力的关键因素之一。虽然武术尚未成为正式的奥运会比赛项目，但在一些文化展示活动和特色项目中，武术运动员的表现常常备受关注。他们通过高难度的动作、精湛的技艺，向全球观众展示了武术的独特魅力。

（三）武术在奥运会期间的展示带来的影响

1. 传播中华文化

武术作为中华文化的重要组成部分，在奥运会期间的展示为世界各国观众提供了一个了解和感受中华文化的窗口。传统拳法、武术哲学、传统器械等元素通过奥运会的平台传播，加深了国际社会对中国文化的认知。

2. 弘扬体育精神

武术强调的不仅是技艺的高超，更是一种锲而不舍的体育精神。武术运动员在奥运会期间的表现不仅是对武术传统的传承，也是对体育精神的弘扬。他们通过自己的努力和拼搏，展示了"更快、更高、更强"的奥林匹克精神。

3. 推动武术国际化

尽管武术尚未成为奥运会正式比赛项目，但其在奥运会期间的展示为武术的国际化发展奠定了基础。通过参与奥运文艺晚会、文化交流等活动，武术逐渐走向世界，获得了更多国家和观众的关注与认可。

4. 激发国内人民的武术热情

武术在奥运会期间的展示也在国内激发了更多人对武术的热情。作为中国传统文化的代表，武术的奥运表演成为国内观众的骄傲。这同时也推动了国内武术运动的发展，促使更多人参与到武术的学习与传承中。

（四）武术进入奥运会的可能性

1. 国际奥委会的开放态度

国际奥委会不断调整对奥运会项目的审查标准，对传统文化项目的包容度逐渐提高。这为武术争取进入奥运会提供了更多机会。国际奥委会的开放态度为武术进入奥运会创造了有利条件。

2. 武术竞技体系的完善

为了适应奥运会的竞技要求，国际武术界在努力完善武术竞技体系。制定更规范的竞技规则、加强运动员的专业化培训、推动武术规则的国际标准化等方面的努力，都为武术成为奥运会正式比赛项目打下了基础。

3. 科技手段的应用

在武术争取进入奥运会的过程中，科技手段的应用是至关重要的。通过引入科技手段，如计分系统的智能化、比赛过程的实时监测等，可以提升武术比赛的公正性和观赏性，使其更符合奥运会的标准。同时，创新的赛制和表演形式也能够吸引更多观众，增强武术的吸引力。

4. 国际合作与文化交流

为了推动武术进入奥运会，国际合作与文化交流至关重要。与其他国家的武术组织和国际体育组织保持紧密联系，共同制定规则、举办联合赛事、开展技术培训，有助于推动武术在国际范围内的发展。通过更多的合作，可以扩大武术在国际体育舞台上的影响力。

（五）武术在奥运会认可上面临的挑战及其应对

1. 传统与现代的平衡

武术作为传统文化的代表，需要在争取进入奥运会的过程中保持传统与现代的平衡。在规则制定、比赛形式等方面需要考虑如何既保留武术的传统魅力，又符合奥运会的现代化要求。

2. 规则的国际标准化

目前，武术各流派和国家存在不同的规则体系，这可能导致在国际比赛中裁判带有主观性和不公正性。要进入奥运会，需要推动武术规则的国际标准化，以确保比赛的公正性和可观赏性。

3. 武术运动员的专业化培训

奥运会对参赛项目的要求是高度竞技化，因此武术运动员的专业化培训是一个重要的挑战。武术运动员需要进行更加专业化、科学化的训练，以适应奥运会的激烈竞争环境。国内外专业化的教练团队和先进的训练设施也是提高运动员水平的重要保障。

4. 国际体育舞台的竞争

进入奥运会，武术将面临来自各种体育项目的激烈竞争。要在国际体育舞台上脱颖而出，武术需要提高自身的专业水平、提高国际认可度，同时也要不断创新，吸引更多的观众和赞助商。

武术在奥运会期间的展示是一个充满希望的过程。通过多年的努力，武术已经在奥运会的开幕式、文艺晚会等各个场合崭露头角，向世界展示了中华文化的博大精深。武术运动员的表现也为国际观众展示了武术运动的独特魅力。

未来，武术在奥运会上的展示有望进一步扩大。随着武术规则的国际标准化、运动员专业化水平的提升，武术有可能成为正式的奥运会比赛项目。通过国际合作、创新发展，武术将为中华文化的传播、体育精神的弘扬以及国际友谊的促进做出更为显著的贡献。

第三节　武术的国际传播与相关评价

一、中国武术的国际传播

（一）背景

中国武术作为中国传统文化的瑰宝，承载着丰富的历史文化内涵和独特的武技传统。随着经济全球化进程的加速，中国武术在国际传媒中的形象引起了全球人民的广泛关注。

（二）中国武术的国际传播现状

中国武术作为传统文化的代表，面临着在现代社会中的转型与发展。国际传媒对于武术的呈现往往需要在传统的武技技艺之外，注入更多现代的审美元素，以迎合当代观众的审美需求。

一些中国武术明星，如李连杰、甄子丹等，通过在国际影视作品中的出演，为中国武术在国际上赢得了一定的关注度。他们的表演不仅仅展示了高超的武技，同时也成了中国文化的窗口，促进了中国武术在国际传媒中的形象塑造。

（三）中国武术在国际传媒中的形象塑造

1. 传统文化符号的呈现

在国际传媒中，中国武术往往被塑造成具有深厚历史文化底蕴的传统文化符号。通过强调武术的渊源、传统衣饰、器械等元素，传达中国武术作为传统文化的价值和魅力。

2. 与时尚元素的融合

为适应现代观众的审美需求，一些国际传媒更加注重将武术与时尚元素相融合。这包括在武术表演中引入时尚服饰、搭配现代音乐等，使传统武术更具现代感，进而吸引更广泛的受众。

3. 武术精神与哲学的强调

在国际传媒中，中国武术常常被强调为一种具有深刻哲学内涵和精神追求的体育形式，强调与武术相关的礼仪、道德观念等方面，以突显其不仅仅是一种技艺，更是一种文化传承和价值体系。

（四）中国武术在国际传播中面临的挑战

1. 文化认知差异

不同国家和地区对于中国武术的理解存在一定的文化认知差异。国际传媒在呈现中国武术时需要注意避免片面或武断的表达，以更好地促进跨文化交流。

2. 国际化传播策略

中国武术在国际传媒中的形象塑造需要有一个科学合理的国际化传播策略。这涉及文化交流、国际合作、推动武术走向国际体育舞台等方面，需要有系统性和长期性的规划。

中国武术在国际传媒中的形象塑造是一个复杂而多层次的过程。通过强调传统文化、与现代元素的融合、制定国际化传播策略等方面的努力，中国武术在国际传媒中逐渐树立了积极向上、多元共存的形象。

未来，中国武术在国际传媒中的形象塑造需要不断创新，以适应观众需求的多样性。借助现代科技手段、加强国际合作，有望使中国武术在国际传媒中迎来更加辉煌的发展。同时，要保持对传统核心价值的坚守，让中国武术在世界舞台上发挥更大的作用。

二、武术名师在国际上的影响力

（一）背景

武术作为中国传统文化的瑰宝，代代传承，积淀了丰富的哲学和文化内涵。在武术领域，一些杰出的武术名师凭借多年的精湛技艺、深厚的理论造诣以及对学徒的悉心传授，在国际上赢得了崇高声望。

（二）武术名师的特点

1. 杰出的武技和丰富的教学经验

武术名师通常具备卓越的武技和丰富的教学经验。他们在武术领域有着丰富的实战经验，精通多种武术门派和招式，同时拥有高度的教育水平，能够将复杂的武术技艺传承给后人。

2. 深厚的理论造诣

武术名师在理论上往往有着深刻的见解。他们通过对武术哲学、武道精神的研究，为武术的理论体系做出了杰出的贡献。这不仅促进了武术的深入发展，也为学生提供了更为全面的武术教育。

3. 注重培养学生的个性和人格

武术名师的教学不仅仅是传授武技，更注重培养学生的个性和人格。他们往往以身作则，在传承武术的同时引导学生塑造健康向上的人生观，注重对学生综合素质的培养。

（三）武术名师的国际交流活动

1. 参与国际武术赛事

武术名师积极参与国际武术赛事，通过自身的表演、指导和评审工作，为国际武术赛事注入中国武术的精髓。这不仅是对自身影响力的拓展，同时也有助于推动武术文化的传播。

2. 举办国际武术培训班

一些武术名师通过举办国际武术培训班，为海外学生提供学习的机会。这种方式不仅有助于传播正统的中国武术，同时也为国际学生提供了学习中国文化、深入了解武术精髓的平台。

3. 参与国际文化交流活动

武术名师积极参与国际文化交流活动，包括文化节、座谈会等。通过这些交流，他们向世界展示了中国武术的博大精深，促进了各国文化的交融与互鉴。

（四）武术名师的贡献及面临的挑战

武术名师作为习武者的杰出代表，通过其在国际上的活动和表现，为中国武术树立了良好的形象。他们的存在不仅提高了中国武术在国际上的知名度，同时也推动了中国武术的国际传播。

武术名师通过对学生的精心教导，延续了中国武术的师徒制度。这种制度不仅有助于保护和传承中国武术的真正精髓，同时也为后来的武术爱好者提供了学习的机会。

武术名师通过其一生的努力，向世界展示了中国武术所包含的丰富精神内涵，如自律、坚韧、尊师重道等。这些武术精神对于塑造中国武术的国际形象具有重要的作用。

武术名师通过对学生的悉心培养，促使武术传统得以延续。他们不仅传递武技，更注重传承武术的文化精髓和价值观念，使得学生能够深刻理解武术不仅是一种技击技术，更是一门涵盖哲学、道德、礼仪的综合性学问。这种全面的传承有助于维护武术的根基，使其在国际上得到认可。

1. 对国际交流的推动

武术名师积极参与国际交流活动，有助于推动中外武术文化的交流与融合。通过与其他国家的武术大师进行交流，武术名师不仅分享了中国武术的精髓，也从其他文化中汲取了养分，促使武术在国际上呈现出更加多元、丰富的面貌。

2. 对学生个性发展的关注

武术名师注重培养学生的个性，不仅在武技上进行指导，更关心学生的品德、人格养成。这种注重个性发展的教育方式有助于培养更有担当、更有责任心的武术传人，为武术的长远发展打下坚实基础。

3. 面临的挑战

首先，语言和文化的不同可能成为交流中的障碍，需要名师具备跨文化交际的能力。其次，随着社会的发展、现代科技手段的普及，名师需要适应新的教学方式，将传统武术与现代技术相结合。最后，国际武术传播受到了商业化、娱乐化的冲击，名师需要更好地保护和传承武术的真正内涵，避免被功利化或曲解。

（五）武术名师的教学理念与方法

1. 注重基本功与传统技艺

武术名师往往强调基本功的扎实训练，包括基本招式、身法、步法等。通过打好基础，学生能够更好地理解武术的精髓，并在未来的发展中更好地掌握高深的武技。

2. 强调实战与理论相结合

武术名师教学中通常注重实战应用，注重理论与实践相结合。通过模拟实战场景，让学生更好地理解武术的实际运用，不能只有空洞的招式练习。这种教学理念有助于培养学生的实战能力，提升武术的实用性。

3. 培养学生的自主学习能力

武术名师通常倡导培养学生的自主学习能力。除了在课堂上的指导，武术名师鼓励学生独立思考，通过反复练习和总结，不断提高自身的武技水平。这种培养方式有助于学生形成长期学习的习惯，进而更好地发挥个人潜力。

武术名师在国际上的影响力既源自其卓越的武技，又得益于对传统武术文化的深刻理解与传承。通过国际交流、教学活动，他们为中国武术的国际传播、传承和发展做出了巨大贡献。

未来，武术名师需要不断适应社会的发展，继续弘扬武术精神，推动中国武术在国际上取得更大的影响力。同时，通过创新教学方式、借助现代科技手段，更好地引导学生，提高武术在现代社会的传承力和影响力。武术名师在传承中华武术的同时，也要注重与时俱进，为武术的未来发展做出更多的努力。

三、国际社会对中国武术的认知与评价

（一）背景

中国武术作为中国传统文化的瑰宝，承载着千年的历史与文明。随着经济全球化的推进，中国武术逐渐走向国际舞台，成为中华文化的一张重要名片。

（二）中国武术的传统与特色

1. 中国武术的历史渊源

中国武术起源于古代战争时期，历经了千年的发展与演变。其融合了中国古代哲学、道德伦理和文化传统，形成了独特的武术体系。

2. 多样的门派与拳种

中国武术涵盖众多门派和拳种，如太极拳、形意拳、八卦掌等。每个拳种都有其独特的理念、招式和套路，反映了不同地域文化的特色。

3. 武术文化的哲学内涵

中国武术不仅仅是一种体育活动，更是一门具有深刻哲学内涵的文化艺术。武术追求的不仅是技艺的高超，更是道德品质、心性修养的提升。

（三）国际社会对中国武术的认知

1. 武术在国际媒体的呈现

国际媒体对中国武术的报道往往强调其独特性和深厚的文化内涵。通过电影、纪录片等形式，武术成为展示中国传统文化的窗口，吸引着全球观众的目光。

2. 国际武术交流与合作

随着文化交流的不断深化，中国武术在国际上得到了更多的认可。国际武术比赛、武术名师的国际巡回演出等，都成为加深国际社会对中国武术认知的有效途径。

（四）国际社会对中国武术的评价

1. 艺术价值的认可

国际社会普遍认为中国武术具有高度的艺术价值。其独特的招式、动作设计、表演形式常常受到赞誉，被视为一种精妙的身体艺术。

2. 传统文化的珍宝

中国武术被视为中国传统文化的珍宝，被誉为东方文明的瑰宝。国际社会对武术的认知不仅停留在其独特的武技上，更注重其所承载的文化传统和历史价值。

3. 促进身心健康的功效

中国武术的锻炼方式和内功修炼，被认为对促进身心健康具有积极作用。国际社会对武术的评价往往关注其对健康的促进、对内心修养的提升。

（五）中国武术在国际文化交流中的作用

1. 促进文化互通

中国武术作为一种具有丰富文化内涵的体育形式，在国际文化交流中发挥了桥梁的作用。通过武术的传播，国际社会更加深入地了解了中国文化的独特之处。

2. 增进国际友谊

武术交流活动为不同国家和地区的武术爱好者提供了交流互动的平台。这种互动有助于增进国际友谊，促使不同文化背景的人们通过共同热爱武术而拉近心灵的距离。

3. 弘扬中华文化

中国武术在国际上的传播是对中华文化的一种弘扬。通过武术，世界更好地了解了中国人民的优秀品质、价值观念。这有助于中华文化在国际社会中树立更加正面的形象。

（六）中国武术在国际社会面临的挑战

1. 语言和文化障碍

中国武术的深厚文化底蕴和特有的哲学思想可能因语言和文化的差异而难以被理解。国际社会在认知中国武术时需要克服这一障碍，通过更深入的研究和交流来理解其背后的文化内涵。

2. 商业化和功利化的冲击

随着商业化和功利化的影响，一些商业化活动可能会过于注重表面效果，忽视了中国武术的深层文化内涵。国际社会需要辨别真正的武术精髓，避免其被功利化或曲解。

3. 文化误解与刻板印象

由于一些武侠小说、电影等媒体作品的影响，一些人对中国武术产生了刻板印象，认为它只是一种战斗技能，忽视了其深厚的文化内涵。国际社会需要更全面地了解中国武术，避免陷入文化误解的漩涡。

（七）中国武术的未来展望

1. 加强国际推广和交流

为了提高中国武术在国际社会的认知度，需要加强国际推广和交流。举办国际性的武术大赛、文化交流活动，鼓励武术名师巡回演出，都是有效的展示中国武术的博大精深的方式。

2. 拓展国际合作

加强与其他国家和地区的合作，共同推动武术在国际上的传播与发展。通过建立合作机制、联合举办文化交流活动，促进国际社会更全面地了解和认同中国武术。

3. 创新传播方式

随着科技的发展，可以通过互联网、社交媒体等新媒体手段，创新传播方式，使中国武术更加贴近年轻一代的观众，提高其在国际社会的关注度。

4. 强化武术教育与培训

通过加强武术教育与培训，培养更多的国际化武术教练和从业人员，推动中国武术在国际上的传承与发展。

中国武术作为中国传统文化的重要组成部分，在国际社会中正逐渐崭露头角。通过对国际社会对中国武术的认知与评价的研究，我们更全面地了解了中国武术的优秀传统、独特文化，以及在国际交流中所面临的挑战。未来，加强国际推广和交流、拓展国际合作、创新传播方式、强化武术教育培训，都将有助于中国武术在国际社会中取得更为广泛的认可，为中华文化的传播贡献更多的力量。

第四节 中外武术交流的历史与现状

一、中外武术交流的形式与内容

（一）背景

当代社会，中外文化交流日益频繁，武术作为中华传统文化的代表之一，也在这一大潮中发挥着积极的作用。

（二）中外武术交流的形式

1. 国际武术比赛

随着经济全球化的推进，国际武术比赛成为中外武术交流的重要形式之一。这类比赛不仅提供了武术技艺展示的平台，也促使各国武者不断进行技术交流、切磋。例如，亚洲武术锦标赛、世界武术锦标赛等国际性赛事，吸引了来自世界各地的武术爱好者和专业选手。

2. 文化交流活动

文化交流活动是中外武术传播的重要途径。通过举办武术表演、讲座、座谈会等形式，武术大师和爱好者可以分享经验、探讨武术的文化内涵。这种形式的交流不仅有助于弘扬中华文化，也为外国武者提供了更深入的学习机会。

3. 武术培训与交流班

中外武术交流也在培训领域得到体现。中国武术名家常常赴国外开设武术培训班，向外国学员传授中国武术的技术、哲学和文化内涵。这种形式的交流有助于将中国武术的精髓传播到更广泛的国际范围。

4. 武术大师互访与交流

一些著名的武术大师常常在国际范围内互相邀请，进行交流与切磋。这种武术大师之间的互动，不仅促进了武术技艺的进步，同时也为中外武术爱好者提供了近距离学习的机会。

（三）中外武术交流的内容

1. 技术传承与创新

在技术传承方面，中外武术交流既保留了中国传统武术的经典技艺，又融入了外国武术的创新理念。例如，中国太极拳在国际上传播的过程中，吸纳了一些西方科学运动的理念，使得太极拳在形式上更贴近现代人的生活方式。

2. 文化符号的传播

通过武术表演、影视作品等形式的中外武术交流，将中国武术作为一种独特的文化符号传播给全世界。武术中的招式、动作，甚至武器的运用，都成为一种独特的文化语言，为外国观众呈现了中国传统文化的深厚底蕴。

3. 武术哲学的交流

武术不仅仅是一种技术动作的堆砌，更是一种蕴含哲学思想的艺术。在中外武术交流中，武术哲学的交流成为一项重要的内容。中国武术强调的"以柔克刚""动静结合"等思想，在国际上引起了广泛关注，甚至影响了一些西方武术流派的理念。

4. 武术与健康养生的结合

在当代社会，人们对健康养生的关注度逐渐提高，而武术作为一种传统的身体锻炼方式，与健康养生的结合成为中外武术交流中的重要内容。太极养生、气功等形式的武术在国际上得到了广泛推崇，成为一种受欢迎的健身方式。

二、中外武术交流的途径

（一）国际武术比赛的崛起

国际武术比赛成为中外武术交流的一种重要形式。在这些比赛中，来自不同国家和地区的武者可以展示各自的武术风格，同时进行技术的对比和交流。这促进了武术技术的提升，推动了世界武术的发展。

（二）文化交流活动

通过举办武术表演、座谈会、学术研讨等活动，中外武术交流得以更为深入地展开。这种形式不仅丰富了武术的文化内涵，还为不同国家的武者提供了交流学习的机会。

（三）大师互访与学术交流

著名武术大师之间的互访与学术交流，成为中外武术交流的重要途径。通过这种方式，不同国家的武术大师可以分享经验、研究武术理论，推动了武术技术和思想的共同进步。

（四）武术电影与媒体传播

武术电影作为一种重要的文化输出方式，对中外武术交流产生了深远的影响。武术电影通过生动的表演形式，向全球观众展示了中国武术的独特魅力，进一步推动了武术的国际传播。

三、中外武术交流对世界武术的影响

（一）促进武术技术的创新

中外武术交流为武术技术的创新提供了新的动力。来自不同文化背景的武者可以借鉴对方的技术优势，形成新的武术风格和流派。这样的技术融合维持了世界武术的多样性。

（二）丰富武术的文化内涵

中外武术交流有助于丰富武术的文化内涵。不同国家和地区的武者在交流中不仅学习了武术技术，更深入理解了武术的文化、哲学思想等方面，而且使得武术成为一种更为深刻的文化表达方式。

（三）提高了武术在国际舞台上的知名度

中外武术交流通过各种形式的传播，提高了武术在国际上的知名度。国际性的武术比赛、文化活动、电影作品等，使得越来越多的人开始了解和关注中国武术，为其在国际文化舞台上树立了更高的声望。

（四）推动了武术在全球范围内的传承

中外武术交流有助于推动武术在全球范围内的传承。不同国家的武者之间的交流，使得武术的传承不再局限于中国本土，而是逐渐融入全球武术大家庭。这种跨文化的传承，使得武术不断吸收新的血液，保持了生机勃勃的发展态势。

中外武术交流是一个积极而复杂的过程，它在推动世界武术发展的同时，也面临着一系列的挑战。通过文化交流、技术切磋、大师互访等多种形式，中外武术交流不仅为武术注入了新的活力，也为世界各国武者提供了更多的学习机会。未来，通过合作、创新、保护传统，中外武术交流有望在全球范围内发挥更加重要的作用，为推动武术的繁荣和传承贡献更多的力量。

第六章　武术在教育体系中的地位

第一节　武术与学校教育

一、武术在学校课程设置中的角色

（一）背景

武术作为一项传统的综合性文化活动，一直以来都在中华文化中占有特殊地位。近年来，随着对综合素质教育的重视以及对学生全面发展的追求，武术逐渐成为学校课程设置中备受关注的一部分。

（二）武术在学校的发展现状

1. 武术被正式纳入学校课程

近年来，越来越多的学校正式将武术列入学校课程。这不仅包括小学、初中、高中等基础教育阶段，一些大学也设立了武术专业。这种趋势反映了社会对武术价值的认可，也为学生提供了更多参与武术学习的机会。

2. 武术在体育课程中的地位

在体育课程中，武术逐渐成为一种常见的体育活动。传统的武术项目如太极拳、形意拳等在学校的体育课中得到广泛开展。这不仅有助于提高学生的身体素质，还能引导学生认识和体验传统文化。

3. 武术课外活动的普及

为了更好地满足学生的多样化需求，许多学校在课外活动中引入了武术。武术社团、武术培训班等形式多样的活动，让更多的学生有机会参与到武术学习中，体验其中的乐趣。

4. 武术比赛和表演的开展

一些学校通过举办武术比赛和表演，为学生提供展示的平台，激发学生对武术学习的兴趣。这种形式的活动不仅促进了武术的传播，也为学生提供了锻炼和交流的机会。

（三）武术在学校教育中的作用

1. 促进学生的身心健康

武术作为一种全面的身体锻炼方式，有助于促进学生的身心健康。通过武术锻炼，学生可以增强体质，提高协调性和灵活性，有效缓解学业压力，促进身心平衡发展。

2. 塑造学生的良好品格

在武术学习过程中，学生接触到的不仅是武术招式，还有武德、礼仪等传统文化观念。通过武术锻炼，学生更容易形成尊重他人、坚韧不拔的品格。

3. 提高学生的学科素养

武术学习过程中，学生需要掌握一系列的技术、招式和套路。这种学习方式有助于培养学生的记忆力、注意力、动手能力等。此外，武术还与数学、物理等学科有一定的关联，通过武术学习，学生更容易理解和应用抽象的学科知识。

4. 促进校园文化建设

引入武术活动有助于校园文化的多样化建设。武术表演、武术比赛等活动的举办能够为校园营造浓厚的文化氛围，丰富学生的校园生活，培养学生对传统文化的热爱和认同感。

（四）武术融入学校课程面临的挑战

1. 教育资源不足

由于武术需要专业的教练和场地，一些学校可能面临教育资源不足的问题。缺乏专业的师资力量和适当的场地设施可能影响武术课程在学校的开展。

2. 课程安排和时间分配难题

学校的课程设置和时间分配一直是学校引入新课程面临的挑战。学校的课程表通常已经安排满了必修课和其他基础学科，因此如何在有限的时间内融入武术课程，保证学生的全面发展，是一个需要认真考虑的问题。

3. 学生和家长认知的影响

在一些地区，学生和家长对武术的认知可能存在一定的偏见。一些人认为武术只是一种武打技巧，而不是一门具有文化内涵的艺术。这可能导致一些学生和家长对武术课程的抵触情绪，影响其在学校中的推广。

4. 评估和考核体系的建设

武术作为一门特殊的课程，其评估和考核体系需要与传统的学科有所不同。如何科学、合理地评价学生在武术方面的学习成果，是需要深入研究的问题。

二、武术教育对学生身心发展的影响

（一）背景

随着社会对素质教育需求的不断增加，武术作为一种具有千年历史的传统体育项目，受到了各级学校的全面关注。武术不仅仅是对技击技能的训练，更是一种身心全面发展的综合性活动。

（二）武术教育与学生身体素质的关系

1. 发展学生的基本运动能力

武术锻炼强调提高身体的协调性、灵活性和耐力，通过对各种动作和技巧的训练，可以有效提高学生的基本运动能力。例如，武术训练能够促进学生的平衡感、柔韧性和爆发力的发展，对于培养学生的协调性和动作技能具有明显的积极影响。

2. 增强体质抗逆力

武术锻炼往往是高强度的体育活动，通过规律的锻炼可以提高学生的耐力、抗疲劳能力，增强身体的适应性和抗逆力。这对于缓解学生因长时间学习而导致的身体疲劳有着显著的作用。

3. 塑造良好的身体姿态

武术注重动作的规范和身体的协调，通过反复训练可以帮助学生养成正确的站姿、坐姿等良好的身体姿态。这对于预防和改善学生的姿态问题，减轻因长时间坐着带来的身体不适，有着积极的效果。

（三）武术教育与学生心理健康的关系

1. 提升学生的自信心

武术训练需要学生不断挑战自己、突破自己的极限，通过这一过程，学生能够逐渐建立起自信心。在武术训练中，每一次技巧的掌握、每一次演练的成功都会为学生的自尊心和自信心增添一份底气。

2. 培养学生的毅力和耐心

武术训练的过程充满了艰辛和挑战，学生需要在训练中克服困难，保持毅力和耐心。这种过程不仅锻炼了学生的意志力，还培养了他们对困难的积极应对态度，有助于形成积极向上的心理品质。

3. 缓解学生的心理压力

学业繁重、考试压力等因素可能导致学生心理负担过大。而武术作为一种全面的身心锻炼方式，能够帮助学生释放压力、调节情绪。在武术锻炼的氛围中，学生可以找到一种身心平衡的状态，缓解心理压力。

（四）武术教育与学生品格养成的关系

1. 强化学生的纪律意识

武术训练对于学生的纪律要求非常严格，包括动作的规范性、服从指挥、团队协作等方面。这有助于学生在心中树立正确的纪律观念，培养他们遵守规则、纪律的良好品格。

2. 培养学生的团结互助精神

武术往往以团队为单位进行训练和比赛，学生需要相互合作、共同进步。通过团队协作，学生能够培养出一种团结互助的精神。

3. 培养学生的礼仪观念

武术强调礼仪和尊重，学生在训练和比赛中需要尊重教练、尊重队友，能够培养出一种良好的礼仪观念。

4. 培养学生的耐心和自我控制能力

武术训练需要学生在一定的时间内反复练习，要求他们具有耐心。通过这一过程，学生能够逐渐培养出耐心等待、精细观察和深思熟虑的品质，形成自我控制的能力。

三、学校武术团队

（一）背景

学校武术团队作为学生体育活动的重要组成部分，旨在通过对武术的学习和表演，促进学生身心的全面发展，培养学生的纪律性、协作精神和团队意识。

（二）学校武术团队的组建

1. 团队组成与分类

学校武术团队的组建首先需要确定团队的组成成员。团队成员可以包括学生、教练、指导老师等。根据武术团队的目标和性质，可以分为表演型团队和竞技型团队。表演型团队注重武术的艺术表现，而竞技型团队则侧重技能的训练和比赛。

2. 团队组建的步骤与流程

（1）制定团队宗旨和目标

在组建武术团队之前，学校应该明确团队的宗旨和目标是以表演为主还是以竞技为主。这将影响团队的招募标准、训练内容和团队文化的塑造。

（2）招募成员

学校可以通过校园宣传、招生启事等方式，吸引有兴趣的学生参加武术团队。招募中不仅要注重学生的武术潜质，还要考虑团队合作和集体荣誉的重要性。

（3）设立团队管理机构

在组建团队时，需要设立团队管理机构，包括团队领导、教练、助教等职务。明确各个职务的职责，建立团队的组织结构。

（4）制定团队规章制度

为了确保武术团队的正常运转，需要制定相关的规章制度，明确学生的训练时长、训练内容等方面的要求，保障团队活动的有序进行。

3. 师资力量的配置

武术团队的成功运作离不开专业的教练和指导老师。学校应该聘请具有丰富教学经验和较高武术水平的教练，为团队的培训和指导提供专业支持。

4. 装备和场地的准备

为了进行有效的武术训练，学校需要提供相应的武术器材和合适的场地。这包括武器器械、训练垫等，以及一个宽敞而安全的训练场地。

（三）学校武术团队的活动设计

1. 训练计划的制订

武术团队的训练计划应该是系统性的。根据团队的目标和成员的水平，制订科学的训练计划，包括基础技能的训练、形式套路的练习、集体演练等。

2. 活动的多样性

武术团队的活动不仅仅局限在训练上，还应该设计各种各样的活动，包括武术表演、校内比赛、校外交流等。这有助于激发学生的学习热情，提高团队的凝聚力。

3. 参与比赛与演出

参与武术比赛和演出是武术团队活动的重要组成部分。比赛可以检验学生的实际水平，演出则是展示团队风采的好机会。这不仅激发了学生的学习动力，同时也为团队赢得了更多的荣誉。

4. 团队文化的建设

团队文化是武术团队的精神支柱。通过制定团队口号、培养学生的团队荣誉感、组织团队活动等方式，形成独特的团队文化氛围。

（四）学校武术团队的活动管理

1. 活动管理机制

为确保武术团队的活动顺利进行，学校需要建立完善的活动管理机制。这包括活动计划的提前制订、人员的合理安排、活动场地的预订等。通过科学的管理机制，能够有效提高武术团队活动的效率和质量。

2. 安全保障措施

武术活动涉及身体的运动和技巧的表演，因此安全是至关重要的。学校需要制定详细的安全规定，确保活动过程中学生和教练的人身安全。此外，也需要为可能发生的意外制定应急预案，以及配备必要的急救设备。

3. 团队活动的评估与反馈

学校武术团队的活动应该进行定期的评估与反馈。这包括对学生表现的评价、团队整体活动的效果评估等。通过评估与反馈，可以及时发现问题、总结经验，为团队的进一步发展提供指导。

4. 团队活动与学校文化的融合

学校武术团队的活动应该与学校文化相融合，形成一个有机的整体。可以通过参与学校重要活动的演出、校园文化节等方式，使武术团队活动更好地融入学校的教育体系，为学生提供更丰富的文化体验。

（五）学校武术团队对学生的影响

1. 促进身体素质的发展

学校武术团队的训练有助于学生身体素质的全面发展。通过系统的武术训练，学生的耐力、柔韧性、力量等方面能够得到锻炼。

2. 培养团队协作与沟通能力

武术团队的训练和演出是一个集体协作的过程。学生在团队中学会了互相合作、共同进步，培养了团队协作和沟通能力。这对于学生未来的社交和职业发展都具有积极的影响。

3. 塑造积极向上的心态

武术训练中的反复练习、挑战自我的过程，有助于培养学生的毅力和耐心，以及塑造积极向上的心态。

第二节　武术课程的设计与发展

一、武术课程的现状

（一）背景

随着体育教育的不断发展，武术作为一种传统的体育项目，越来越受到学校和学生的重视。武术课程的设计和实施对于学生的身心发展、健康成长具有积极的作用。

（二）武术课程的教学目标

1. 提高学生的身体素质

武术课程的首要目标之一是提高学生的身体素质。通过武术训练，学生可以提高自己的耐力、柔韧性、爆发力等身体素质，形成健康的体魄。

2. 培养学生的武术技能

武术课程的核心目标是培养学生的武术技能，包括基本功的训练、武术套路的学习、武器的使用等方面。学生通过进行深入的技能训练，能够掌握丰富的武术技巧。

3. 培养学生的团队协作精神

武术是一项需要团队协作的活动，因此培养学生的团队协作精神也是武术课程的目标之一。通过集体演练、团队比赛等方式，可以激发学生的团队凝聚力，培养其相互合作的能力。

4. 塑造良好的品格

武术课程不仅仅是对技能的培训，更是对品格的塑造。在武术的修炼过程中，学生需要尊重师长、遵守规则，培养出良好的品德和道德观念。

5. 增强学生的自我保护意识

武术课程也应当注重培养学生的自我保护意识。学习防身技能、了解安全知识等，能够增强学生在面对危险时保护自己的能力。

（三）武术课程的内容安排

1. 基础功法的训练

基础功法是武术的基石，包括踢腿、打拳等基本动作。这些基础功法的训练有助于提高学生身体的协调性、柔韧性。

2. 武术套路的学习

武术套路是武术技艺的高级表现形式，是各种武术技能的有机组合。通过学习武术套路，学生可以提高技术水平，同时培养出一定的舞台表演能力。

3. 武器操练

武术不仅包括空手道，还包括武器的使用。武器操练不仅能够提高学生的专业技能，还能够培养他们对不同武术器械的了解和运用能力。常见的武器包括刀、枪、棍等，学生可以根据自身兴趣选择特定武器进行深入学习。

4. 武术哲学与文化的传承

武术不仅仅是一项技术活动，更是一种富有哲学内涵和深厚文化传统的体育项目。在武术课程中，学生有机会了解武术的哲学思想、历史渊源以及文化内涵。这有助于拓宽学生的文化视野，培养他们对传统文化的热爱与尊重。

5. 武术教育与心理健康

武术课程的内容安排也应关注学生的心理健康。通过心理训练、冥想等方式，帮助学生调节情绪，提高抗压能力。武术强调心与身的统一，通过心理知识的学习，学生能够更好地投入武术的学习和实践中。

6. 活动设计与比赛准备

武术课程不仅应该包括技术训练，还应该设计各类活动，如武术表演、比赛等。这些活动有助于学生将所学技能进行实际运用，并锻炼其在公众面前表现自己的能力。为了更好地帮助学生参与比赛，课程还应包括比赛规则和比赛策略的解读等内容。

（四）教学方法与手段

1. 示范教学法

武术课程中，示范教学法是一种常见且有效的教学方法。通过教练或资深学生的示范，学生能够更清晰地理解动作的正确执行方式，这有助于他们熟练掌握技术要领。

2. 逐步推进法

武术技能的学习是一个逐步推进的过程。在教学中，应该合理划分学习阶段，逐步引导学生掌握基本动作和套路，然后逐渐加大难度。这种方法有助于学生建立自信，同时能够更好地巩固所学内容。

3. 小组合作学习法

小组合作学习法是培养学生团队协作精神的有效手段。通过小组合作，学生可以相互帮助、相互学习，提高整体学习效果。

4. 实践演练法

武术技能的掌握需要大量的实践演练。在课程中，学生应该有充分的机会进行实际操作，通过反复练习，提高技能的熟练度和水平。

5. 多媒体辅助教学

在现代教学中，多媒体技术可以被充分利用。通过视频展示、图文说明等多媒体手段，可以更生动地呈现武术动作的要领，帮助学生更好地理解和掌握技能。

（五）评价与考核体系

1. 学科知识的测试

在武术课程的评价与考核体系中，学科知识的测试是其中一个重要方面。这包括对学生对武术基本知识、技能要点的掌握程度的考察，以期达到教学目标。

2. 实际操作与表演评估

由于武术是一门实践性强的体育项目，实际操作与表演评估是考核体系中的关键环节。学生的技能水平、动作规范与否，都可以通过实际操作和表演进行评估。

3. 对课堂参与度与团队协作能力的评价

武术课程强调团队协作与参与度，因此学生在课堂上的积极参与程度以及团队协作的表现也是评价的重要指标。通过小组活动、合作演练等方式，可以对学生的团队协作能力进行评估。

4. 比赛成绩评定

如果武术课程中包括比赛活动，比赛成绩也应成为考核体系的一部分。学生在比赛中的表现可以客观反映其实际水平，同时也是对课程学习效果的一个检验。

5. 品德评价

武术强调品德修养，因此在评价与考核体系中，应该包括对学生品德的评价。这包括对学生尊师重道、团队协作、守纪守规等方面的评估，从而全面了解学生在武术学习中的品德表现。

武术课程的设计与实施直接关系到学生的身心发展，对培养学生的品格、团队协作能力等方面都具有重要影响。通过合理设定教学目标和内容、采用多样化的教学手段、建立科学的评价与考核体系，武术课程能够更好地促进学生的全面发展。未来，需要不断创新教学理念和手段，关注学生的个性化需求，使武术课程在学校体育教育中发挥更大的作用。

二、现代教育理念下的武术课程

（一）背景

随着社会的不断发展和教育理念的更新，现代教育注重提高学生的综合素质和创新能力。在这一背景下，武术课程作为一门融合了体育、文化和道德教育的课程，人们对它有着更高的期望。

（二）现代教育理念概述

1. 以学生为中心

现代教育理念强调学生是学习的主体，倡导以学生的需求和兴趣为出发点，通过灵活多样的教学方式，满足不同学生的学习需求。这对武术课程提出了更高的个性化要求。

2. 跨学科整合

现代教育理念鼓励各学科之间的融合，强调知识的联通和实际应用能力的培养。在武术课程中，可以通过整合体育、文化、历史等多个学科，拓宽学生的视野，使其在武术学习中获得更为全面的教育。

3. 创新精神与实践能力的培养

现代教育强调培养学生的创新精神和实践能力，倡导通过实际操作和实践活动来深化学习成果。在武术课程中，可以引入创新元素，激发学生的创造力，并通过实际演练提高他们的实践能力。

4. 全人教育

现代教育理念追求全人教育，强调培养学生的思维、情感、品德等多个方面。武术作为一门涵盖体能、技能、道德等多个维度的课程，符合全人教育的理念。

（三）现代教育理念与武术课程的融合

1. 个性化学习与武术技能培养

个性化学习强调根据学生的兴趣、学习风格和能力水平设计教学内容。在武术课程中，可以设置不同难度和风格的武术套路，让学生根据自身情况进行选择，更好地激发其学习兴趣，提高学习效果。

2. 跨学科整合与武术文化传承

武术不仅是一门体育课程，更是一门蕴含深厚文化的艺术。通过将历史、文学、哲学等相关知识融入武术课程，可以帮助学生更全面地理解武术，提升其对武术文化的认知。

3. 创新与实践与武术技能提升

在武术课程中引入创新元素，可以激发学生的创造力。例如，设计新颖的武术表演形式、创作个性化的武术动作等，都有助于学生在创新与实践中提升武术技能。

4. 提高综合素质与武术道德修养

武术课程应该注重提高学生的综合素质，包括身体素质、智力素质和品德素质。通过综合性的武术训练，不仅能提高学生的身体素质，还能提高其智力和道德修养，使其在多个方面都能得到发展。

（四）现代教育理念下的武术课程创新

1. 个性化学习模块的设计

针对不同层次的学生，设计个性化的学习模块。可以设置初级、中级和高级的武术课程，让学生根据自身兴趣和能力选择合适的模块进行学习。这有助于更好地满足学生的个性化需求。

2. 跨学科的课程设置

设计融合多学科内容的武术课程。在武术课堂中引入相关的历史、文学、哲学等知识，通过多学科的融合，让学生在学习武术的同时能够了解其深厚的文化底蕴。

3. 创新实践项目的开展

引入创新实践项目，让学生有机会在武术领域进行创新实践。可以组织学生设计新颖的武术动作、策划武术表演，甚至参与武术相关的社区服务项目。这样的实践项目不仅能锻炼学生的创新能力，还能促进团队合作能力和社会责任感的培养。

4. 多元化的武术表现形式

拓展武术的表现形式，包括但不限于传统武术套路、现代武术、太极拳、散打等，激发学生对不同武术形式的兴趣，帮助他们在更广泛的范围内发展技能。

5. 武术文化体验活动

组织武术文化体验活动，如实地参观武术馆、邀请武术大师举办讲座等。通过这些活动，学生可以更直观地感受武术的深厚文化底蕴，加深对武术的认知，提高学习的积极性。

（五）教学手段与方法的创新

1. 引入智能化技术

引入智能化技术，设计武术学习 App、虚拟教室等工具。借助这些智能化技术，学生可以随时随地进行学习，获取个性化的学习建议，提高学习效果。

2. 建立互动式教学平台

建立互动式的武术教学平台，促进学生与教师之间的互动与合作。在这个平台上，学生可以分享自己的武术学习心得，教师可以提供个性化的辅导建议，形成学习社区，激发学生的学习热情。

3. 采用翻转课堂教学模式

采用翻转课堂的教学模式，将传统的知识传授移到课外由学生自主学习，课堂时间用于实际操作和问题解答。这样的教学模式更符合现代学生的学习特点，提高了学习的灵活性。

4. 提供个性化辅导与指导

为学生提供个性化的辅导与指导。通过定期的个性化学习计划安排、一对一的辅导会议等方式，帮助学生解决学习中的困惑，激发他们的学习兴趣。

（六）评价与反馈机制的创新

1. 建立多元化的评价方式

建立多元化的评价方式，包括传统考试、实际操作评估、项目作品评定等。通过多样性的评价方式，能更全面地了解学生的学习情况，避免单一的评价方式给学生带来的负面影响。

2. 引入学生参与度评价

引入学生参与度评价，将学生在课堂上的表现作为重要的评价指标之一。这有助于激发学生的学习积极性，提高他们在武术学习中的投入度。

3. 优化反馈机制

建立及时有效的反馈机制。教师可以通过定期的学习小结、反馈问卷等方式收集学生的意见和建议，及时调整教学内容和方法，以更好地满足学生的需求。

4. 建立学生武术能力发展档案

建立学生武术能力发展档案，记录学生在不同阶段的学习成果、技能提升情况等。这有助于学生更清晰地了解自己的学习进度，同时也能为学生未来的发展提供参考。

三、武术教育与各学科融合的实践与展望

（一）背景

武术作为中国传统文化的瑰宝，不仅是一种优秀的体育项目，更是一门融合了文化、历史、哲学等多学科元素的综合性学科。在现代教育理念的指导下，武术教育与学科融合的实践逐渐成为一种趋势。

（二）武术教育与各学科融合的背景

1. 武术的多维面向

武术不仅仅是一项体育活动，更蕴含了深厚的文化内涵。其技艺不仅关乎体育训练，还涉及历史、哲学、道德等多个方面。因此，武术自然而然地与多个学科产生了联系。

2. 现代教育的跨学科要求

现代教育理念强调学科之间的融合与整合。学生要全面发展，既要具备一定的专业知识，又要具备跨学科的综合能力。武术教育恰好契合了这一现代教育的需求。

3. 学科融合的国际趋势

在国际上，学科融合已经成为教育改革的一个普遍趋势。越来越多的学校将不同学科的知识和技能融合到课程中，以培养学生更全面的思维方式。

（三）武术教育与不同学科的融合实践

武术源远流长，融合了丰富的中国传统文化。在武术教育中，通过深入挖掘武术的历史渊源、哲学思想等方面的内容，可以帮助学生更好地理解和传承中国传统文化。

1. 与解剖学的融合

武术动作离不开精准的肌肉控制。因此，武术教育与解剖学的融合能够帮助学生更深入地了解身体结构，从而更好地掌握武术技能。

2. 与运动心理学的融合

武术不仅仅是肢体的运动，还涉及心理素质的提高。通过与运动心理学的融合，武术教育可以更好地关注学生的心理健康，提高其竞技水平。

3. 与运动康复学的融合

在武术训练中，运动损伤是不可避免的。武术教育与运动康复学的融合可以帮助教练更好地防范和处理学生在训练过程中可能遇到的伤害问题。

4. 与语言学的融合

通过将武术教育与语言学融合，可以设计更具有文学特色的武术教材，帮助学生通过文字更好地理解武术的内涵。

5. 与民族学的融合

武术常常与中国的不同民族文化相联系。武术教育可以通过融合民族学的内容，使学生更全面地了解武术在不同民族中的发展历程和特色。

（四）挑战及其应对策略

1. 学科边界的模糊性

学科融合往往面临学科边界模糊的问题。为了解决这一问题，武术教育需要建立明确的融合方向和目标，确保学科融合不仅是简单地堆砌知识，而是将其有机地融为一体，形成有机的教学体系。

2. 师资队伍的培养

武术教育与学科融合需要拥有一支具备多学科知识的师资队伍。学校应加强对师资队伍的培养，通过交叉培训、引进跨学科背景的教师等方式，确保教师具备跨学科教学的能力。

3. 评价体系的建设

学科融合涉及多个学科领域，传统的评价体系可能不再适用。建设灵活多样的评价体系，注重全面的评价，同时考虑到不同学科的特点，是应对这一挑战的关键。

4. 课程设计的整合

课程整合是学科融合的核心。关键在于如何设计出既能涵盖多学科知识，又不失深度和系统性的课程。通过制定清晰的教学目标、设计跨学科的教学活动，可以更好地促使课程的整合发展。

武术教育与各学科的融合是一项极具挑战性但具有广阔发展前景的任务。学科融合不仅有助于武术教育更好地满足现代教育的需求，同时也能推动相关学科的发展。随着社会的不断发展和教育理念的不断更新，武术教育与各学科的融合将在未来展现出更加丰富多彩的发展画面。

第三节 武术师资队伍的选拔

一、武术教师的培养

（一）背景

随着武术在学校体育课程和社会体育活动中的普及，武术教育的需求不断增加。作为武术教育的关键环节，对武术教师的专业培训和素质要求成为确保教育质量和学生发展的关键因素。

（二）武术教育的发展现状

1. 武术教育的普及

近年来，武术作为一种传统体育项目，逐渐受到社会各界的关注和认可。在学校和社区体育中，武术教育得到了广泛的普及，使更多的学生和社会群体能够接触和参与武术锻炼。

2. 武术教育的发展趋势

随着社会对素质教育需求的增加，武术教育的发展呈现出多样化和个性化的趋势。武术教育不再仅仅关注技术的传授，更注重培养学生的团队协作和创新能力。

（三）武术教师的专业培训

1. 传统武术技能培训

武术教师首先需要具备扎实的传统武术技能。这包括拳法、剑法、棍法等基本功，以及对武术套路的熟练掌握。通过专业的技能培训，武术教师可以更好地传授给学生实际的武术技能。

2. 教育理论与方法培训

武术教育不仅仅是对技术的传授，还涉及对教育理论和教学方法的应用。武术教师需要接受相关的教育理论培训，了解学生的心理发展特点，熟悉多种教学方法，以更好地组织和开展武术教育活动。

3. 安全培训

武术作为一项体育活动，存在一定的安全风险。武术教师需要接受相关的安全培训，了解急救知识，能够在发生意外情况时及时有效地处理，确保学生的安全。

4. 跨学科培训

随着武术教育与各学科的融合，武术教师还需要接受跨学科的培训。这包括但不限于人文学科、心理学等领域的知识培训，以更好地适应多元化的武术教育需求。

（四）武术教师的素质要求

1. 专业素质

武术教师需要具备高水平的专业素质，能够胜任教学任务。同时，要具备深厚的武术理论知识，能够解析武术技术的本质和内涵。

2. 教育素质

武术教师需要具备优秀的教育素质，包括对学生的关爱、耐心、责任心等。能够根据学生的不同特点和需求，巧妙地组织教学活动，激发学生的学习兴趣。

3. 团队协作能力

在学校或社会团体中，武术教师常常需要与其他教育工作者、家长进行合作。因此，团队协作能力成为武术教师不可或缺的素质之一。

4. 创新意识

随着武术教育的发展，创新成为提高教育质量的关键。武术教师需要有创新意识，能够不断更新教学理念和方法，满足学生和社会的需求。

5. 良好的沟通能力

与学生、家长和同事之间的有效沟通对于武术教师来说至关重要。武术教师需要有良好的表达能力，能够清晰地传达教学目标和方法，建立与学生之间的良好沟通关系，促进教学质量的提高。

（五）面临的挑战及其应对策略

1. 培训资源不足

武术教师的培养需要丰富的培训资源，包括专业的武术大师、教育专家等。然而，由于资源有限，一些地区可能面临培训资源不足的问题。应对策略包括建立培训资源共享机制、引入在线培训平台等。

2. 学科融合难度大

学科融合需要武术教师具备多学科的知识背景，而现实中存在部分武术教师专业背景相对狭窄的情况。解决办法是通过开展跨学科培训，鼓励武术教师主动学习其他学科的知识。

3. 教育理念不同

不同地区、学校的教育理念可能存在差异，有些学校对武术教育的重视程度不够。应对策略是通过政策引导、专业培训等手段，促进武术教育理念的一致性。

（六）未来展望与建议

1. 建立健全的培训体系

未来，需要建立健全的武术教师培训体系。通过整合各类培训资源，建立多层次、多领域的培训网络，确保武术教师能够得到系统、全面的培训。

2. 推动学科融合发展

面对学科融合的发展趋势，建议是未来加大对学科融合的研究与推广。建立学科融合的标准与指南，制定相关政策，促进武术教育与其他学科的深度融合。

3. 提升武术教师的综合素质

未来武术教师需要重视综合素质的提升。培训课程应该不仅注重武术技能的提升，还要关注团队协作能力、创新思维等方面的培养，使武术教师具备更全面的素质。

4. 完善评估与反馈机制

建议建立健全的武术教师评估与反馈机制。通过定期的评估，包括学生评价、同行评价等方式，为武术教师提供专业成长的方向和建议。

5. 加强国际交流与合作

未来武术教师可以通过加强国际交流与合作，吸收国际先进的武术教学理念和培训模式，通过国际合作，推动中国武术教育走向世界。

武术教师的专业培训和素质要求是确保武术教育质量的关键。通过建立健全的培训体系、关注学科融合的发展、提升教师的综合素质等手段，可以更好地满足武术教育的发展需求，为学生提供更丰富、更全面的武术教育体验。随着社会对武术教育重视程度的不断提升，武术教师的角色将更加关键，其素质的不断提升也将成为促使武术教育持续发展的关键因素。

通过不断优化培训体系、强调学科融合，武术教师能够更好地适应现代教育的需求，为学生提供更具有深度和广度的武术教育。同时，面对未来的挑战，建议教育机构、政府部门、专业协会等多方合作，共同致力于推动武术教育事业的发展，推动武术教师专业化水平的不断提升。

综上所述，武术教师的专业培训与素质要求是武术教育发展不可忽视的重要方面。只有通过系统性的培训、全面的素质要求，武术教师才能更好地履行其教育使命，为学生提供优质的武术教育，推动武术教育在现代教育中不断创新与发展。

二、武术师资队伍的优化

（一）背景

武术作为中国传统文化的瑰宝，不仅承载着丰富的历史文化内涵，其作为一项体育运动和艺术形式在现代社会中也得到了传承和发展。武术师资队伍的素质和水平直接关系到武术教育的质量和传承的深度。

（二）武术师资队伍的现状

1. 师资队伍构成

武术师资队伍的构成较为多样化，包括传统武术宗师、专业武术教练、高校武术教师等。传统武术宗师通常以家传为主，注重传统技艺的传承；专业武术教练多来自体育院校，经历过系统的教育培训；高校武术教师既有深厚的武术功底，也具备相关的教育背景。

2. 教学水平存在差异

师资队伍的教学水平存在一定差异。一些拥有丰富教学经验的老师能够深入浅出地传授武术技艺，而一些新晋教师可能在教学方法和学科融合方面还存在一定的欠缺。这种水平差异可能影响学生的学习体验和教育效果。

3. 缺乏系统的专业培训

目前，武术师资队伍普遍存在专业培训不足的问题。传统武术宗师通常通过口传心授的方式传授武术技艺，而在现代教育理念和方法上可能存在一定的缺失。专业武术教练和高校武术教师则面临教育理论与实践结合不足的问题。

（三）武术师资队伍面临的挑战

1. 传承与创新的平衡

武术作为传统文化，需要在传承中保持原有的精髓，同时又要在创新中适应现代社会的需求。师资队伍需要在传承和创新之间找到平衡点，既要继承传统技艺，又要灵活运用现代教育理念和技术手段。

2. 学科融合的难题

随着教育的多元化发展，学科融合成为一个重要趋势。然而，武术师资队伍在学科融合方面普遍存在难题。武术教师需要具备更多的跨学科知识，将武术与其他学科有机地结合起来，以更好地满足素质教育的需求。

3. 专业培训的紧迫性

武术师资队伍中，特别是传统武术宗师，通常依赖口传心授进行技艺传承，缺乏系统的专业培训。在现代教育体系下，师资队伍需要接受系统的专业培训，提高其教育理论水平和学科融合能力。

（四）武术师资队伍的发展趋势

1. 提高教育水平与理论素养

未来，武术师资队伍的发展趋势之一是提高教育水平与理论素养。传统武术宗师需要在专业技艺的基础上，注重接受现代教育理念和方法的培训；专业武术教练和高校武术教师则需要不断提升自身的学科知识水平。

2. 推动学科融合

随着素质教育的提倡，武术师资队伍需要更好地推动学科融合。武术师资的培训课程应该涵盖心理学、体育科学等多个领域的知识，使教师更好地适应多元化的武术教育需求。

3. 引入现代科技手段

武术教育可以借助现代科技手段，提高教学效果。武术师资队伍可以通过现代科技手段，如虚拟现实技术、增强现实技术、在线教育平台等，提升学生的学习体验。通过引入这些技术，武术教师可以更生动地展示武术动作，实现远程教学和学习资源共享，为学生提供更加灵活和多样化的学习机会。

4. 强化专业培训机制

为了解决武术师资队伍专业培训不足的问题，未来的发展趋势之一是建立健全的专业培训机制。这可以通过设立专业的培训机构、开展师资培训项目、建立导师制度等途径来实现。

5. 鼓励师资队伍国际化发展

随着经济全球化的发展，武术作为中国传统文化的代表之一，也面临着更广泛的国际传播和交流。因此，未来的趋势之一是鼓励武术师资队伍国际化发展。这可以通过参与国际武术大赛、学术交流活动，引进国际优秀武术教育资源等方式实现，提升武术师资队伍的国际竞争力。

（五）给武术师资队伍建设的建议

1. 建立全面的师资培训体系

建议建立全面的武术师资培训体系，涵盖传统武术宗师、专业武术教练和高校武术教师等。培训内容应涵盖武术技艺、教育理论、学科融合、现代科技应用等多个方面，确保师资队伍具备全面的能力。

2. 鼓励武术师资队伍跨学科发展

鼓励武术师资队伍跨学科发展。可以设立跨学科培训项目，促使师资队伍深入学习相关学科知识，拓展教学领域，提高武术教育的多元性和综合性。

3. 加强专业导师制度建设

建议在武术师资队伍中建立专业导师制度。通过与经验丰富的导师的对接，新晋教师能够得到及时的指导和反馈，提高其教学水平，促使师资队伍中经验丰富者的经验能够更好地传承。

4. 制定激励政策

制定相关的激励政策，涉及薪酬待遇、职称晋升、培训补贴等，以吸引更多有志于从事武术教育的人才。通过提高师资队伍的整体素质，推动武术教育事业的可持续发展。

5. 加强国际交流与合作

鼓励武术师资队伍参与国际交流与合作。通过国际性的培训项目、合作研究等方式，使武术师资队伍更好地融入国际武术教育的发展潮流，拓宽视野，提高专业水平。

武术师资队伍的优化直接关系到武术教育的质量和传承。通过建立全面的师资培训体系、鼓励武术师资队伍跨学科发展、加强专业导师制度建设、制定激励政策以及加强国际交流与合作，可以提升武术师资队伍的整体水平，推动武术教育事业更好地服务于社会的发展，促进武术文化的传承与创新。希望未来在政府、教育机构和社会各方的共同努力下，武术师资队伍能够不断壮大，为武术教育事业的繁荣发展做出更大的贡献。

三、武术教育领域的师资选拔机制

（一）师资选拔机制的现状

1. 选拔标准与流程

目前，武术教育领域的师资选拔标准和流程存在较大差异。一些地区仍以传统的武术等级、经验为主要选拔标准，而另一些地区则更加注重教育背景、教学经验和学科融合能力。流程上，有些地方仍然过于简单粗暴，缺乏科学性和系统性。

2. 选拔机制的不足

当前武术教育领域的师资选拔机制存在一些不足之处。首先，一些地区仍然过于依赖个体经验，而缺乏科学的选拔方法。其次，选拔机制缺乏明确的评价标准，对于师资的教育理论水平、教学方法和学科融合能力的考察不够全面。

（二）存在的问题

1. 选拔标准的模糊性

在武术教育领域，由于武术的多样性和复杂性，选拔标准相对模糊，导致选拔的不公正和不科学。这种模糊性也给选拔流程带来了不确定性。

2. 学科融合能力的匮乏

武术教育需要注重学科融合，但目前师资队伍在这方面的能力相对匮乏。教师既需要有深厚的武术功底，又需要具备一定的教育理论知识、心理学知识等，以更好地适应素质教育的需求。

（三）师资选拔机制的发展趋势

1. 科学化与规范化

未来武术教育领域的师资选拔机制将趋向科学化和规范化。这包括建立明确的选拔标准、流程和评价体系，使选拔更加公正、公平、科学。

2. 提升综合素质

随着教育理念的发展，师资队伍需要提升综合素质，不仅要有高超的武术技艺，还需要具备学科融合能力、创新能力等，以更好地适应现代素质教育的需求。

（四）建议与对策

1. 制定科学的选拔标准

建议武术教育领域制定科学的师资选拔标准，明确各项评价指标。这包括武术技艺水平、教学经验、学科融合能力、创新能力等方面的标准。标准的建立应结合武术教育的特点，既要注重传统武术技艺的传承，又要考察教育方面的素养。

2. 建立培训与考核体系

建议建立完善的培训与考核体系，确保师资队伍能够不断提升自身水平。培训内容应包括武术技艺的提升、教育理论知识的学习、现代教学方法的掌握等方面。考核可以采用多元化的方式，既包括理论考核，也包括对实际教学能力的评估。

3. 提升选拔流程的科学性

完善选拔流程，提高科学性和透明度。通过设置多轮面试、教学演示、教学设计等环节，全面评估师资的专业水平和教学能力。确保选拔流程公正、公平、公开，避免主观因素的介入。

4. 鼓励实践与创新

在师资选拔中，要鼓励候选人展示实践经验和创新能力。实践经验是教学过程中宝贵的财富，创新能力则是适应教育发展的重要素质。通过考察候选人在实际教学中的表现以及对教育项目的设计情况，评价其实践与创新能力。

武术教育领域的师资选拔机制直接关系到武术教育的质量及其未来的发展。科学的选拔机制能够确保师资队伍的整体水平，推动武术教育事业的可持续发展。通过制定科学的选拔标准、建立完善的培训与考核体系、提升选拔流程的科学性、鼓励实践与创新等措施，可以进一步提升武术师资队伍的质量和水平。希望在教育管理部门、武术教育机构和专业协会的共同努力下，建立起更加科学、公正、透明的师资选拔机制，为武术教育事业的繁荣与发展提供有力支持。

第四节　武术与学生全面发展的关系

一、武术对学生体魄与体能的培养

（一）背景

武术作为一门古老的体育项目，不仅是中国传统文化的重要组成部分，同时也是一种综合性的运动形式。在武术锻炼过程中，学生不仅能够强健体魄，强化体能，还能够培养意志力、提高专注力。

（二）武术对体魄的影响

1. 体魄的概念

体魄是指一个人身体健康状况的综合表现，包括身体的韧性、柔韧性、耐力、力量等方面。一个人拥有良好的体魄，意味着他的身体在各个方面都具备了较高的素质，能够适应不同的生活和运动场景。

2. 武术对体魄的塑造

（1）身体柔韧性

武术中的各种招式、动作离不开较高的身体柔韧性。通过频繁拉伸、舞蹈动作的练习、身体技巧的训练，学生能够逐渐提高关节的柔韧性，增强身体的弹性，降低运动中的受伤概率。

（2）身体力量

武术注重身体的力量训练，通过拳法、腿法、器械等多种方式锻炼肌肉力量。这种全身性的力量训练不仅有助于学生的体形塑造，还能够提高整体的爆发力和持久力。

（3）身体协调性

武术动作的完成离不开良好的身体协调性，即各个部位的动作能够协同一致。通过学习武术，学生可以提高自己的身体协调性，增强对身体的控制能力，从而在日常生活和运动中更加灵活自如。

3. 武术训练对体魄塑造的好处

（1）个性化的锻炼方式

武术训练注重个体的体能发展，不同的学生可以根据自身的特点和需求选择不同的武术门类进行训练。这种个性化的锻炼方式能够更好地满足学生的身体发展需求，使每个学生都能够找到适合自己的武术项目。

（2）提高身体素质的同时培养意志力

武术训练往往需要长时间的坚持和努力，学生通过不断练习，逐渐培养了坚韧的意志。这种坚持不懈的锻炼过程，不仅提高了学生的身体素质，还培养了他们的毅力和耐力。

（3）全面的身体锻炼

武术训练涵盖了身体的各个方面，包括柔韧性、力量、速度、协调性等。相比于一些单一的体育项目，武术的全面性训练更有助于学生身体素质的均衡发展。

（三）武术对体能的培养

1. 体能的概念

体能是指一个人在进行各种身体活动时所需要的各项生理能力，主要包括心肺功能、肌肉力量、耐力、灵活性等。体能的好坏直接关系到个体在日常生活和运动中的表现。

2. 武术对体能的塑造

（1）心肺功能的提升

武术锻炼过程中，特别是在长时间的套路练习、激烈的武术比赛中，学生需要保持良好的氧气供应，能促使心脏和肺部功能不断改善。这对于促进学生的心肺健康具有积极的作用。

（2）肌肉力量的锻炼

武术的动作往往需要一定的肌肉力量予以支持，例如踢腿、打拳等动作。通过各类武术动作和器械的训练，学生能够逐步增强肌肉力量，提高爆发力和耐力，从而提高整体体能水平。

（3）身体的柔韧性和协调性

武术强调身体的柔韧性和协调性，这些特点使得学生在进行武术训练时需要不断运用和协调身体的各个部分。通过不断地进行各种柔韧性训练和协调性训练，学生的体能水平将得到有效提升。

（4）综合性的体能培养

武术的训练涵盖了身体的各个方面，不仅包括有氧运动，如套路练习，还包括负重训练、柔韧性训练等。这种全面的体能培养，有助于提高学生的综合素质，使其在各类运动中更加得心应手。

（5）提高爆发力和反应能力

武术训练强调灵活的应变能力。通过不断地进行武术动作的训练，学生能够提高爆发力和反应速度，使其在日常生活和运动中更具优势。

（四）武术训练对学生全面发展的影响

1. 身体素质的全面提升

通过武术训练，学生的身体素质将得到全面提升。良好的体魄和体能不仅使学生更具抗病能力，还能够提高其学习和生活的效率。

2. 心理素质的培养

武术训练过程中需要学生具备坚韧不拔的毅力以及良好的心理素质。这种心理素质的培养有助于学生在学业和生活中更好地应对各种压力和困难。

3. 增强自律性和自信心

武术训练要求学生具备一定的自律性，要按时参加训练，保持饮食和作息的规律。同时，通过武术的训练，学生能够逐渐树立自信心，对自己有更清晰的认识。

4. 培养团队协作与社交能力

参与武术团队的训练和比赛，学生需要与队友协作、共同努力。这有助于培养学生的团队协作和社交能力，使其更好地融入集体，学会与他人合作。

（五）武术在学校体育中的应用

1. 引入武术课程

学校可以引入武术课程，将其作为体育课程的一部分。通过专业的武术教练，学生能够系统学习武术的基本技巧和理论知识，全面提升体魄和体能。

2. 开展武术社团活动

学校可以设立武术社团，为对武术感兴趣的学生提供更多的锻炼机会。武术社团活动可以包括定期的训练、比赛以及与其他社团的交流活动，为学生提供更加丰富多彩的体育体验。

3. 参与武术比赛

学校可以鼓励学生参与武术比赛，为其提供比赛机会和舞台。这既能够激发学生的竞技精神，又能够检验学生在训练中所学到的技能，促进其全面发展。

总体而言，武术不仅是一种传统文化的传承，更是一项对学生全面发展具有积极影响的体育项目。在现代社会，推动武术在学校体育中的应用，不仅有助于学生身体素质的提升，还有助于提高学生的综合素养，使其更好地适应未来的社会生活和竞争环境。

二、武术与学生品德与意志力的培养

（一）背景

武术作为中国传统文化的瑰宝之一，不仅是一种体育活动，更是一种涵养心灵、培养品德的艺术。武术训练的过程中，学生不仅仅是在练习动作和技巧，更是在磨炼品德和意志。

（二）武术与学生品德培养

1. 武术中的道德观念

武术在传统文化中常常与道德观念相结合，强调忍让、宽容、谦虚等品德。武术不仅仅是对技击的训练，更是一种对生活和社会的态度，这种态度深植于武术的核心价值之中。

2. 武术的礼仪和规范

武术有着独特的礼仪和规范，包括"师徒尊重""尊重对手"等。这些规范要求学生在武术训练中保持良好的态度，培养尊重他人、守纪律的品德。

3. 武术对学生品德的塑造

（1）忍耐力与耐心

武术训练往往需要长时间的练习和磨砺，学生需要保持持久的耐心。这种训练过程有助于培养学生的忍耐力，使其在面对困难和挫折时能够保持冷静和坚韧。

（2）团结协作与责任心

在武术训练中，特别是在集体演练和对抗中，学生需要与队友紧密合作。通过团队协作，学生培养了责任心和集体荣誉感，形成了团结协作的品德。

（3）公正与正直

武术注重公正和正直的原则。在武术的对抗中，学生需要遵循规则，保持公正和正直的态度。这种训练有助于学生形成公正、正直的品德观念。

4. 武术与道德修养的关联

（1）武德与文化传统

武术强调武德，即武术中的道德规范。学生在学习武术的过程中，会接触到丰富的中国传统文化，这有助于潜移默化地影响其品德修养。

（2）修身养性的理念

武术不仅是一种身体上的锻炼，更是一种修身养性的方式。学生通过武术训练，懂得了如何克制自己、保持冷静，培养了修身养性的理念。

（三）武术与学生意志力的培养

1. 意志力的重要性

意志力是一个人在面对困难和挑战时毫不退缩、毫不动摇的能力。对于学生而言，具备坚强的意志力是实现自己目标的重要保障。

2. 武术对学生意志力的提升

（1）自律性的养成

在武术训练中，学生需要遵循严格的训练计划，按时参加训练，保持良好的作息和饮食习惯。这种自律性的养成不仅使学生能够更好地投入武术的学习中，同时也有助于形成更强的自我管理和控制能力。

（2）克服挫折的能力

武术训练中，学生可能会面临一些技巧难以掌握、动作难以完成的困难。通过不断尝试、反复练习，学生在克服技术难题的过程中培养了面对挫折时坚持不懈、勇往直前的意志力。

（3）逆境中的冷静应对

在武术比赛或对抗中，学生可能会面对强大的对手、意外的变化等情况。武术训练培养了学生在逆境中保持冷静、果断应对的能力，这对提升意志力具有积极的影响。

3. 武术与自我认知的关联

通过武术训练，学生逐渐认识到自己的身体潜力和能力。这种自我认知有助于增强学生的自信心，增加他们面对困难时的勇气。

武术训练要求学生明确自己的训练目标，如掌握某项技巧、提高身体素质等。这种目标导向的训练有助于学生形成对未来目标的清晰认知，提高其制定和实现目标的能力。

武术作为一门融合了技艺、哲学和道德的综合性体育项目，对学生品德和意志力的培养有着独特的价值。通过武术训练，学生不仅在技术和身体素质上得到了提升，更在品德和意志力方面得到了全面的磨炼。

在学生品德培养方面，武术通过其道德观念、礼仪规范等，培养了学生的忍耐力、团队协作能力和正直品质。在意志力培养方面，武术通过长时间的训练、逆境中的冷静应对等环节，使学生在毅力、自律性和逆境中的表现上都有所提升。

因此，在学校体育教育中，应当充分发挥武术的独特教育功能。这不仅有助于学生技术水平的提高，更能够为其人格和意志力的全面发展提供有益的支持和引导。

三、武术教育与学生综合素质的提升

（一）背景

武术教育作为一种独特而古老的体育教育形式，不仅注重技术的传承与发展，更重视学生综合素质的培养。

（二）武术教育的综合性特点

1. 技术训练的综合性

（1）动作技巧的培养

武术教育注重学生对基本动作技巧的熟练掌握，这不仅离不开身体的协调性与柔韧性，同时也需要学生对动作细节进行精准理解。这样的技术训练涉及学生的身体素质和智力水平的全面提升。

（2）器械的运用与维护

在一些武术项目中，学生需要学会使用器械。这不仅考验学生的技术水平，更要求他们具备对器械的运用技能，以及对器械的维护与保养能力。

2. 品德修养的综合性

（1）武德的培养

武术教育注重对武德的培养，包括对师长的尊敬、对同学的友爱、对对手的尊重等。

（2）道德规范的遵守

武术训练中有严格的道德规范，如对手之间的彼此尊重、比赛中的公平竞争等。通过遵守这些规范，学生培养了自律的品德。

3. 意志力培养的综合性

（1）持之以恒的毅力

武术训练需要学生持之以恒地进行，这对学生的毅力和耐力提出了很高的要求。通过不懈的努力，学生逐渐培养了坚持不懈的毅力。

（2）面对困难的勇气

武术训练过程中，学生可能会面对各种技术难题。通过勇敢面对困难，学生逐渐形成了战胜困难的勇气和信心。

（三）武术教育对学生综合素质的具体影响

1. 身体素质的提升

（1）身体柔韧性的提高

武术训练重视身体的柔韧性，通过各种柔术和动作的练习，学生的关节灵活性得到了显著提高。

（2）肌肉力量的增强

武术动作和姿势的训练能够有效提升学生的肌肉力量，增强身体的爆发力和耐力。

（3）心肺功能的提升

武术训练通常是一种有氧运动，能够有效提高学生的心肺功能，提升体能水平。

2. 心理素质的提升

（1）自我控制与冷静应对

武术训练要求学生在高强度的情境下保持冷静，拥有自我控制的能力。这有助于学生在生活和学习中面对各种情境时能够保持冷静和理智。

（2）自信心的培养

通过武术训练，学生逐渐认识到自己的潜力和能力，培养了积极向上、充满自信心的心态。

3. 社交能力的提升

在武术训练中，学生需要与教练、队友进行密切的合作。这种团队协作的经历有助于培养学生与他人良好沟通的能力，提高人际关系的协调性。

4. 毅力和勇气的提升

（1）坚持不懈的毅力

武术训练中，学生需要进行长时间的练习，这对学生的毅力提出了很高的要求。通过持之以恒的训练，学生逐渐培养了坚持不懈的毅力。

（2）面对困难的勇气

武术训练中，学生可能会面对各种困难，包括技术难题、体能透支等。通过克服这些困难，学生提升了面对挑战时的勇气。

通过以上分析可知，武术教育在学生综合素质的提升上具有显著的作用。其综合性的训练方式不仅有助于学生身体素质的全面提升，同时也培养了学生在品德、意志力和社交等方面的综合素养。学校可以通过引入武术课程、设立武术社团、举办比赛和表演等方式，更好地发挥武术在学生全面发展中的积极作用。武术教育不仅是对传统技艺的传承，更是一种有益于学生身心健康、品德修养和综合素质提升的教育形式。

第五节　武术在职业教育中的应用

一、职业教育中武术技能的培训与评估

（一）背景

随着社会的发展，职业教育越来越受到重视。武术作为一种传统体育项目，在职业教育中也受到了广泛关注。

（二）武术技能在职业教育中的作用

职业教育旨在传授学生适应社会的广泛技能和知识，提高其就业竞争力。武术作为一种传统体育项目，蕴含了丰富的文化内涵，同时也具备身体素质提升、团队协作能力培养等多方面的价值，适应了职业教育的多元化发展需求。

1. 身体素质的提升

武术技能培训能够有效提高学生的身体素质，增强体力、耐力，提高灵活性，为完成日常工作打下坚实的基础。

2. 心理素质的提升

武术训练注重心理素质的提升，这有助于学生培养积极向上的心态，提高应对挑战的能力。

3. 团队协作与沟通能力的培养

武术技能培训通常以团队形式进行，学生在训练中需要相互合作、共同进步，这有助于培养学生的团队协作和沟通能力。

4. 传统文化的传承

武术是中国传统文化的代表，通过武术技能培训，有助于传承和弘扬中华传统文化，培养学生对传统文化的认同感。

（三）武术技能培训的方法与策略

1. 训练内容的设计

（1）基础技能的训练

基础技能的训练包括基本招式、基础动作、基础器械等的训练，旨在建立学生的武术基础。

（2）实战技能的训练

通过模拟实战场景，培养学生在实际应用中灵活运用武术技能的能力。

2. 教学方法的选择

（1）师徒制传承

采用师徒制传承模式，通过个别指导和示范，使学生更深入地理解和掌握武术技能。

（2）课外实践活动

组织学生参与武术比赛、社会实践等活动，提高实际操作能力和应对复杂情况的能力。

3. 设备与场地的保障

确保武术技能培训所需的场地和设备齐全，提供良好的学习环境，这有利于提高学生训练和学习效率。

（四）武术技能评估的标准与流程

1. 评估标准的确定

（1）技术水平评估

根据学生在基础技能、实战技能等方面的掌握程度，制定相应的评估标准。

（2）团队协作评估

通过学生在团队合作中的表现，评估其团队协作与沟通能力。

2. 评估流程的设计

（1）阶段性评估

将培训过程分为不同阶段，进行阶段性评估，及时发现问题、调整教学策略。

（2）综合能力评估

综合考查学生在技术、心理素质、团队协作等方面的综合能力，全面评估其武术技能水平。

（五）职业教育中武术技能培训与评估面临的挑战与发展趋势

1. 面临的挑战

（1）标准化难题

武术是一项复杂的体育项目，其技能涵盖面广，因此制定统一的评估标准较为困难。不同流派、不同风格的武术可能存在较大差异，如何在职业教育中建立起符合实际的、具有权威性的评估标准是一个亟待解决的问题。

（2）装备与场地的限制

武术技能培训对于场地和装备的要求较高，但一些职业教育机构可能面临场地狭小、设备有限的情况，这可能影响学生的实际训练效果。

（3）学生兴趣与参与度

由于武术技能培训需要一定的体力和毅力，一些学生可能在学习初期因兴趣不浓或遇到困难而产生参与度不高的问题，这需要教育机构设计更具吸引力的课程和活动。

2. 发展趋势

（1）多元化的教学模式

未来职业教育中的武术技能培训可能采用多元化的教学模式，包括线上教学、虚拟现实技术的应用等，以满足学生的不同需求。

（2）职业化导向与实践结合

强调武术技能培训与实际职业需求的结合，例如结合保安、武警等专业领域的需求，为学生提供更具实际应用性的培训。

（3）国际合作与认证

推动职业教育中武术技能培训的国际化，与国际武术组织合作，参与国际性的武术比赛，为学生提供更广泛的发展平台。

职业教育中的武术技能培训不仅关乎学生个体的发展，更涉及整个社会的人才培养和文化传承。希望在未来的努力下，武术技能培训能够更好地融入职业教育体系，为学生的职业发展和综合素质的提升提供更有力的支持。

二、武术与职业发展规划的结合

武术作为中国传统文化的瑰宝之一，不仅是一种身体锻炼的方式，更是一门融合了哲学、艺术、战术等多方面元素的综合性体育项目。然而，随着社会的迅猛发展，武术不再局限于传统的修身养性，而是逐渐融入了现代职业发展规划的范畴。

（一）武术与职业发展

1. 武术爱好者的职业发展途径

除了在传统武术馆、体育学院等地从事武术教学和指导工作外，现代社会为武术爱好者提供了更广阔的职业发展途径。武术可以与健身行业相结合，如武术爱好者担任私人教练、健身顾问等职务。此外，武术在电影、电视等娱乐产业也有着广泛的应用，如武术爱好者作为动作指导、武术演员等。

2. 武术与健康产业的结合

随着人们生活水平的提高，健康产业逐渐兴起。武术作为一种兼顾身心健康的运动方式，与健康产业的结合变得更加密切。可以通过开设武术健身班、提供健康管理咨询等方式，将武术运用于健康产业，为个体提供更全面的健康服务。

3. 武术与企业培训的融合

武术的训练过程注重对团队协作能力、领导力等方面的培养，这些特质在企业培训中非常重要。企业可以引入武术元素，开设团队建设培训班，通过武术训练提升员工的团队协作能力和领导力，提高团队整体的绩效。

（二）建议与展望

1. 给个体的建议

对于个体而言，要充分认识武术对自身职业发展的积极影响，将武术融入生活和职业规划中。可以通过参加武术课程、培训，提升武术技能，同时关注武术与职业发展的结合点，积极探索适合自己的职业发展道路。

2. 给教育机构的建议

教育机构可以拓展武术课程的设置方式，注重提高学生的综合素质。同时，与企业和健康产业建立合作关系，为学生提供更多的职业发展机会，拓宽其就业渠道。

3. 给企业的建议

企业可以在招聘和培训中考虑引入武术元素，注重员工身体和心理素质的提高。通过与武术学校建立合作关系，为员工提供武术培训和健身服务，提高员工的综合素质，增强团队凝聚力。此外，企业可以通过支持员工参与武术比赛、活动，激发员工的团队合作意识，增强企业文化的凝聚力。

4. 给政府与社会组织的建议

政府和社会组织可以通过制定相关政策，支持武术的推广和发展。鼓励学校加强武术教育，为学生提供更多的选择。同时，可以在社区开展武术培训班，提供更多的培训机会，让更多人参与到武术的训练中。

在未来，武术与职业发展的结合有望进一步深化。随着人们对身心健康越来越重视，武术将成为一个重要的选择。同时，随着科技的发展，虚拟现实和增强现实技术的应用也可以为武术培训提供更多可能性，使人们可以在虚拟环境中体验武术训练，促进其更广泛的应用。

武术与职业发展规划的结合为个体提供了更多的发展机会和选择。通过武术训练，个体不仅能够提升身体素质、心理素质，还能够在职业生涯中具备更多的竞争优势。教育机构、企业和社会组织也可以通过合理的规划，将武术与职业发展更好地结合起来，为社会培养综合素质更高的人才。

然而，在推动武术与职业发展结合的过程中，也需要注意平衡，避免片面追求技能的提升而忽视了其他职业素养的培养。同时，需要重视相关政策的制定，为武术在职业发展中的应用提供更多的支持和保障。

第六节 武术教育对社会文化的影响

一、武术传统对社会文化的传承与保护

（一）背景

武术作为中国传统文化的一部分，不仅是一种体育运动，更是承载着丰富的历史、哲学和艺术内涵的传统艺术。

（二）武术传统的内涵

1. 历史渊源

（1）古代武术的发展

武术的历史可以追溯到古代，其发展与演变见证了中国古代社会的变革和进步。不同朝代的武术流派和技艺都留下了独特的痕迹，构成了丰富的武术传统。

（2）武术与军事

在古代，武术不仅是一种体育活动，更是军事技能的重要组成部分。武术技能的传承与发展直接关系到国家的安全和军事实力。

2. 哲学思想

（1）道德观念

武术强调武德，即武术中的道德规范。这种道德观念不仅仅在技术上有所体现，更是一种生活态度，强调忍让、宽容、尊重。

（2）自我修养

武术注重身体与精神的结合，提倡修身养性的理念。通过武术的修炼，人们不仅能够强身健体，还能够培养自律、自控的品质，达到身心合一的境界。

3. 艺术表现

（1）动作与姿势

武术不仅仅是一种实用的技能，更是一门艺术。不同的武术流派有独特的动作和姿势，这些动作既具有实战价值，又在形式上具备美学意义。

（2）武术表演

武术表演作为一种艺术形式，通过编排和演绎展示武术的精髓。这种表演形式既能吸引观众，也能传递武术文化的内涵。

（三）武术传统的价值观念

1. 尊师重道

武术传统注重师徒关系，强调尊重师长，师父传道授业解惑，弟子须以虔诚的心态学习。

2. 武德为先

武术不仅要求技法高强，更注重武德的培养。武德即武术中的道德规范，包括宽容、正直、勇敢等品质。

（四）武术传统的传承与发展

1. 传统的口传心授

武术传承的方式一直以来就是口传心授，通过师徒制度，师父将经验和技艺传授给弟子，确保技艺的传承不中断。

2. 书籍与文献的保存

一些武术流派有自己的典籍，他们通过文字的形式将技艺和理念记录下来，以保留传统的智慧。

3. 武术比赛与表演

武术比赛和表演为武术传统注入了新的活力。通过比赛，不同流派的武术能够在竞技中相互碰撞，促使传统武术更好地适应现代社会的需求。

（五）武术传统的保护及其面临的挑战

1. 保护与传承

（1）设立保护机构

政府、武术协会等可以设立专门机构，负责武术传统的保护、传承和管理。通过制定相关政策和法规，确保武术传统得到合理的保护。

（2）弘扬传统文化

通过开展武术文化展览、座谈会、讲座等形式，向社会传播武术传统的内涵和价值观，加强社会公众对武术传统的认同。

2. 面临的挑战

（1）商业化发展带来的影响

随着武术的商业化发展，一些地方可能更注重商业利益而忽视了传统武术的本质。这可能导致武术传统的失真。

（2）现代生活方式的冲击

现代社会生活节奏快，人们更倾向于选择便捷、快速的运动方式。这使得传统武术在现代社会中可能面临失去吸引力的困境。

（六）武术传统对社会文化的影响

1. 文化自信心的培养

武术传统是中国传统文化的重要组成部分，对培养文化自信心和加强国家身份认同具有积极作用。通过学习和传承武术传统，人们更能够理解和热爱自己的文化传统。

2. 人文精神的培养

武术传统强调礼仪、忍让、尊重等人文精神，这对于培养社会成员的良好品德具有重要意义。

3. 国际交流与文化输出

武术传统作为中国文化的代表之一，通过国际交流和文化输出，有助于加深国际社会对中国文化的了解，推动文化的多元共存。

总体而言，武术传统对社会文化的传承与保护具有不可替代的作用。通过全社会的共同努力，我们有望让武术传统在现代社会中焕发新的光彩，为中华文化的繁荣做出更大的贡献。

二、武术教育对社会和谐的促进

（一）背景

武术作为一种传统的体育运动，不仅是一种身体锻炼的方式，更是一门注重道德修养的文化艺术。

（二）武术教育与社会和谐的观念

武术团队是一个集体，通过集体协作训练，武术培养了学生的集体荣誉感和团队协作精神。这有助于学生在社会中更好地融入团体，进而促进社会的和谐。

在武术训练中，学生共同面对困难，共同突破自己的极限。这种共同奋斗的经历加深了学生之间的彼此理解，提高了他们的团结合作意识。

武术注重礼仪，包括师生之间的尊重、对手之间的尊重等。这种礼仪规范有助于学生树立正确的社会交往观念，进而促进社会的和谐。

通过武术的练习，学生能够感受到身体和谐的状态，这种和谐的感觉能够延伸到学生的生活中，使其更加平和、稳重。

（三）武术教育在校园和社会中的应用

1. 学校武术团队的建设

（1）培养集体荣誉感

学校武术团队的建设有助于培养学生的集体荣誉感。学生通过团队协作，能够找到存在感和归属感。

（2）传递正能量

武术团队通过演出、比赛等形式向校内外传递正能量，激励他人积极向上，推动校园文化的和谐发展。

2. 社会武术培训的推广

（1）促进社区和谐

社会武术培训项目的推广可以促进社区内居民之间的和谐关系。邻里共同参与武术活动，增进友谊。

（2）培养社会责任感

通过社会武术培训，学生能够更好地理解社会责任感，明白自己在社会中扮演的角色和承担的责任，促进社会公德的培养。

（四）武术教育对社会和谐的促进面临的挑战

1. 商业化对武术教育的影响

随着社会的发展，武术作为一种体育运动逐渐商业化。一些武术培训机构可能更注重商业利益，而忽视了武术的道德教育功能。这可能导致武术教育变得功利化，影响其道德教育的效果。在面对这一挑战时，应通过加强管理、规范市场秩序等手段，确保武术教育更好地发挥其道德教育的功能。

2. 社会关注度不足

与一些主流体育项目相比，武术在社会中的关注度相对较低。这可能使得武术教育在学校和社会中的推广面临一定的困难。为了应对这一挑战，可以通过加强宣传推广、组织各类武术活动等方式，提高社会对武术教育的认知度和关注度。

（五）武术教育的社会价值与意义

1. 促进社会公德的培养

武术教育强调尊师重道、忍耐力等品质，这有助于培养学生的社会责任感和公德心。学生在武术训练中通过与他人合作，学会了如何关心他人、尊重他人，形成了积极向上的心态。

2. 弘扬和谐理念

武术教育通过团队协作、礼仪规范讲解等方式，培养了学生的和谐观念。学生在武术训练中体验到个体与集体之间的和谐、动作与节奏的和谐，这种体验对于他们在社会中与人和谐相处具有积极的引导作用。

3. 塑造积极的人生态度

武术教育通过培养学生的坚韧和自律品质，使学生形成了积极向上的人生态度。学生在武术训练中不断克服困难，不断提升自己，形成了对生活的积极态度。

武术教育在促进社会和谐方面发挥着积极的作用。通过培养学生的品德，武术教育为学生的全面发展提供了有力支持。武术不仅仅是一种体育训练，更是一门注重道德修养的文化艺术，具有较高的社会价值。

在未来，武术教育需要面对商业化和社会关注度不足等挑战，应采取有效的措施加以解决。可以通过建立规范的管理机制，加强社会宣传与推广，提高武术教育的社会认可度。同时，武术教育可以进一步加强与其他领域的融合，发挥其在提高学生综合素质和社会责任感方面的优势，为社会和谐的促进做出更大的贡献。

三、武术文化在社会中的价值体现

（一）背景

武术是中国传统文化的重要组成部分，具有悠久的历史和丰富的内涵。其不仅是一种体育运动，更是一门注重品德、哲学和审美的艺术。

（二）武术文化对公民品质的塑造

1. 礼仪观念的培养

（1）尊师重道的传统观念

武术文化强调尊师重道，这一传统观念有助于培养公民对权威的尊重和对他人的礼貌态度。学习武术的过程中,学员需要尊敬师长,形成一种良好的师徒关系。

（2）互相尊重的礼仪观念

武术注重礼仪,包括师生之间的尊重、对手之间的尊重等。这种礼仪观念有助于学员在社会交往中保持良好的风度,促进了人际关系的和谐。

2. 忍耐力与毅力的培养

武术训练常常需要学员忍受疼痛和疲劳,培养了学员的忍耐力。这种品质的培养使得学员能够更好地应对生活中的各种困难和压力,提高了公民的心理素质。

在武术训练中,学员需要通过坚持不懈的努力提升自己的技艺,培养了其坚韧的品质。这种品质的培养对于公民在工作和生活中具备持之以恒的精神十分重要。

（三）武术文化对身心健康的促进

1. 强身健体的体育运动

（1）促进身体素质的提升

武术作为一种体育运动,注重身体的锻炼和素质的提升。通过各种武术动作和训练,不仅可以增强肌肉力量,提高身体的灵活性,还有助于保持心血管系统的健康。

（2）维持身体机能的平衡

武术注重身心的协调,通过练习形式多样的武术动作,能够维持身体机能的平衡。这种身心的协调有助于缓解工作和生活中的压力,促进身心健康。

2. 内在气质的提升

武术文化融合了道家、儒家、佛家等的哲学思想,注重武德的培养。通过武术的修炼,学员能够培养出正直、宽容、忍让等良好品质,促进心灵的宁静和平衡。

武术注重内劲的修炼,通过深呼吸、调息等技巧,激发体内的能量。这种内在能量的激发不仅有益于身体的健康,还对调整情绪、增强抗压能力具有积极的作用。

（四）武术文化在文化传承中的价值体现

1. 传统文化的传承

（1）古老武术流派的传承

武术文化承载了丰富的传统文化，不同的武术流派传承了各自独特的技艺和文化内涵。代代相传的方式保留了古老武术的纯粹性和独特性，有助于传承中华传统文化的精髓。

（2）文化符号的传递

武术文化中的招式、动作、器械等都是丰富的文化符号。这些符号通过传承，成为具有文化价值的元素，通过表演、比赛等方式传递给后代，不仅保留了传统文化，还为当代社会注入了新的文化底蕴。

2. 多元文化的融合

随着经济全球化的发展，武术文化也在国际范围内得到了传播和发展。国际武术比赛、交流活动等形式促进了不同文化间的交流与融合，使武术文化更具包容性和多元性。

为了适应当代社会的需求，武术文化也不断融入新的元素。例如，一些武术团队在保留传统的基础上加入了现代舞蹈、音乐等元素，使武术表演更具时代感，更易于受到年轻一代的喜爱，有助于武术文化在当代社会中的传承。

虽然武术文化在社会中发挥着积极的作用，但也面临着商业化的冲击、传承问题等挑战。在未来，需要通过加强教育推广、结合现代科技、强化国际交流等方式，推动武术文化更好地服务于社会，发挥其在培养道德品质、促进身心健康、传承传统文化等方面的更大潜力。

武术文化是中华传统文化的瑰宝，通过深入挖掘和传承，武术文化将继续在社会中发挥重要作用，为构建和谐、健康、文明的社会做出贡献。

参考文献

［1］丁花阳. 新时代中华传统武术文化的传承与发展 [M]. 长春：吉林人民出版社，2020.

［2］王健，孙小燕，陈永新. 中国武术文化的传承教育与可持续发展 [M]. 长春：吉林人民出版社，2019.

［3］冯文杰. 中华武术的现代传承与发展 [M]. 北京：中国商务出版社，2018.

［4］蔡利敏. 传统武术文化透视与传承发展研究 [M]. 北京：中国商务出版社，2016.

［5］李翠霞. 解构武术 [M]. 北京：经济日报出版社，2017.

［6］张丰. 非遗保护视角下民族传统体育文化的传承与发展研究 [M]. 长春：吉林大学出版社，2022.

［7］王晓东. 传承与嬗变：清代至民国中国摔跤发展研究 [M]. 合肥：中国科学技术大学出版社，2021.

［8］王昕光，赵云鹏，吴伟. 传统体育文化研究 [M]. 太原：山西经济出版社，2021.

［9］宋清玉. 中国文化全知道 [M]. 长春：北方妇女儿童出版社，2014.

［10］谢嘉，谢志诚. 燕赵文化史稿：元明清卷 [M]. 石家庄：河北教育出版社，2016.

［11］黄莹仪，高耀武，杜秀磊. 民族传统体育文化的多维分析 [M]. 北京：中国书籍出版社，2018.

［12］马兰. 中国文化一本全 [M]. 天津：天津人民出版社，2015.

［13］严双军. 太极拳 [M]. 北京：文化艺术出版社，2012.